Claudia Rothenberger

Verantwortlich miteinander umgehen

14 Unterrichtsbausteine für die Klassen 5 und 6

calwer materialien

Hinweise:
Bild- und Textnachweise sind jeweils an entsprechender Stelle vermerkt.

Zeichnungen / Skizzen auf den Seiten 15, 17, 19, 25, 33, 34, 39, 41, 57, 62, 66, 69, 70 und 73 sind von Angelica Guckes.

Im Interesse des Textflusses und der Leserfreundlichkeit werden in diesem Materialienheft weitestgehend geschlechterspezifische Termini gebraucht. Diese beziehen selbstverständlich jeweils die weibliche Form mit ein.

Abkürzungen

SuS: Schülerinnen und Schüler
L: Lehrkraft
TA: Tafelanschrieb
AB: Arbeitsblatt
EA: Einzelarbeit
PA: Partnerarbeit
GA: Gruppenarbeit
Fo: Folie
UG: Unterrichtsgespräch

Bibliografische Information der Deutschen Bibliothek

Die Deutsche Bibliothek verzeichnet diese Publikation in der Deutschen Nationalbibliografie; detaillierte bibliografische Daten sind im Internet über *http://dnb.ddb.de* abrufbar.

ISBN 978-3-7668-4479-8

Satz und Herstellung: Karin Class, Calwer Verlag
Umschlaggestaltung: Karin Sauerbier, Stuttgart
Druck und Verarbeitung: Mazowieckie Centrum Poligrafii –
05-270 Marki (Polen) – ul. Słoneczna 3C – www.buecherdrucken24.de

Internet: www.calwer.com
E-Mail: info@calwer.com

Inhalt

Einleitung

Foto: Rudolf Klem, Stuttgart

Ein Tropfen auf einen heißen Stein,
oder der stete Tropfen, der den Stein höhlt?

Die Vorstellung, dass wir mit unserer Persönlichkeit und unserem Handeln der stete Tropfen sein können, der die Macht hat, sogar einen Stein zu formen, liegt vielen Menschen fern:
„Was macht es für einen Unterschied, ob ich den Fremden an der Bushaltestelle grüße, ob ich jährlich einen Teil meines Geldes an eine Hilfsorganisation spende, ob ich wählen gehe oder ob ich eben all dies nicht tue?“

Einfach ist der Weg in die Argumentation, das eigene Handeln spiele global gesehen doch eine vernachlässigbar kleine Rolle und könne bei Unpässlichkeit getrost auch ohne größere Verluste unterbleiben.
Übersehen werden hierbei jedoch die Aspekte der Kumulation, der ganz persönlichen Komponente der z.T. immensen Wirkung, die wir Menschen auf das Leben Anderer ganz individuell haben, sowie die große Bandbreite an positiven Rückwirkungen auf den Handelnden, also uns selbst.

Die Bausteine zur Unterrichtseinheit „Verantwortlich miteinander umgehen“ – für die Klassen 5 und 6 konzipiert und auf den Bildungsplan 2016 von Baden-Württemberg ausgerichtet – sollen eine Hilfe sein, bei den Schülerinnen und Schülern das Verständnis ebendieser Perspektiven zu wecken, einzuüben und zu reflektieren. Hierzu bedarf es gewiss vieler konkreter Beispiele, die das Material aufzeigt, und bestenfalls auch eigener Erfahrungen, die im Rahmen des Religionsunterrichts z.B. bei den vorgeschlagenen Exkursionen gemacht werden können. Dass hier jeder Einzelne mit seinen noch so kleinen Schritten und noch so zaghaften Bemühungen einen Unterschied macht, daran darf das folgende afrikanische Sprichwort stets erinnern:

„If you think you are too small to make a difference,
try spending the night in a closed room with a mosquito.“

Claudia Rothenberger

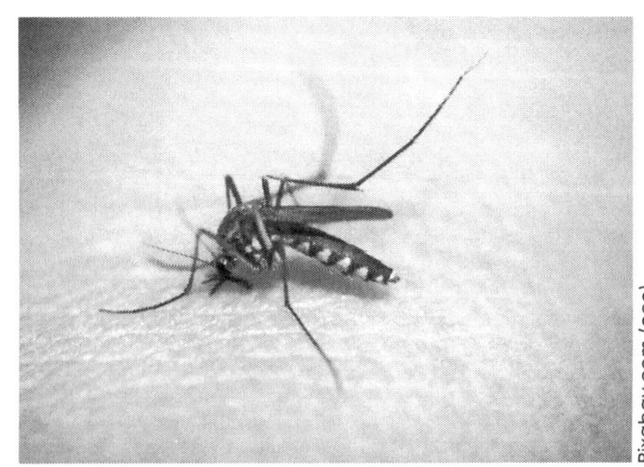

Pixabay.com (cco)

Verlaufsplan der Unterrichtseinheit

Vorbemerkungen

Die Unterrichtseinheit „Verantwortlich miteinander umgehen“ deckt zahlreiche inhalts- und prozessbezogene Kompetenzen des Bildungsplans (Baden-Württemberg, 2016) Klasse 5/6 ab:

Prozessbezogene Kompetenzen	Inhaltsbezogene Kompetenzen
Die Schülerinnen und Schüler können…	
… den Geltungsanspruch biblischer und theologischer Texte erläutern und sie in Beziehung zum eigenen Leben und zur gesellschaftlichen Wirklichkeit setzen. … Situationen erfassen, in denen letzte Fragen nach Grund, Sinn, Ziel und Verantwortung des Lebens aufbrechen. … im Zusammenhang einer pluralen Gesellschaft einen eigenen Standpunkt zu religiösen und ethischen Fragen einnehmen und ihn argumentativ vertreten.	… die Relevanz biblischer Weisungen für menschliches Zusammenleben entfalten. … Erfahrungen menschlichen Zusammenlebens zu biblischen Erzählungen in Beziehung setzen. … an einem Beispiel Bedingungen für gelingendes Miteinander entfalten. … an Beispielen den verantwortlichen Umgang mit der Schöpfung entfalten. … die mögliche Bedeutung biblischer Texte für die Gegenwart untersuchen. … Gottesvorstellungen in biblischen Texten zu menschlichen Fragen und Erfahrungen in Beziehung setzen.

Die Unterrichtseinheit ist in Bausteine aufgeteilt. Darunter sind thematisch zusammengehörende Unterrichtsinhalte zu verstehen. Diese können, je nach Vorwissen der Schülerinnen und Schüler oder bereits unterrichteten Einheiten, mehr oder weniger ausführlich behandelt werden. Das heißt, es handelt sich nicht explizit um Einzel- oder Doppelstunden, sondern um Bausteine, die nach Belieben ergänzt, gekürzt und kombiniert werden können. Das vorliegende Material bietet hierzu einen Steinbruch, der eine individuelle Auswahl ermöglichen soll. Mögliche didaktische Funktionen (Einstieg, Überleitung, Erarbeitung, etc.), die der jeweilige Baustein erfüllen kann, sind jeweils der Überschrift zu entnehmen. Viele der aufeinanderfolgenden Bausteine stellen eine Auswahl an Alternativen dar. Besonders ab Baustein 8 kann auch eine Auswahl getroffen werden, um einen persönlichen Schwerpunkt zu legen und die Länge der Einheit variabel zu gestalten. Ein Minimum von 7 bis 8 Doppelstunden (je nach Lerngruppe) sollte jedoch mindestens vorgesehen werden.

Advance-Organiser

Der Advance-Organiser soll einen Überblick über die in der Einheit behandelten Unterthemen und Bibelstellen geben. Er dient der Lehrkraft als Planungshilfe und zur Orientierung.
Die ausgefüllte Vorlage enthält das Maximum an Themen, das aus dem vorliegenden Material herausgeholt werden kann. Sie ist ein Beispiel für eine mögliche Gesamtstruktur der Unterrichtseinheit „Verantwortlich miteinander umgehen“, kann jedoch mit Hilfe der Blankovorlage von der Lehrkraft ganz einfach individuell angepasst werden, ggf. müssen dann einzelne Bereiche gelöscht oder hinzugefügt werden.
Die Blankoversion kann auch den Schülerinnen und Schülern ausgeteilt werden. Man vervollständigt sie dann im Laufe der Einheit gemäß der geplanten Bausteine gemeinsam. Diese wachsende Struktur hilft auch den

Schülerinnen und Schülern für die Gestaltung des im nächsten Abschnitt beschriebenen Dokumentationsblattes, da nach jeder Sequenz sowohl gemeinsam der Advance-Organiser ergänzt wird, als auch eine Bildfläche (Panel) auf dem Dokumentationsblatt z.B. als Hausaufgabe gefüllt wird. Die Vorlagen zum „Advance-Organiser" befinden sich auf den Seiten 9/10 im Heft.

Dokumentationsblatt im DIN A3-Format

Das Dokumentationsblatt, das für die Schülerinnen und Schüler idealerweise im DIN A3-Format kopiert wird, lehnt sich an das Format der sogenannten „Panels" beim Comiczeichnen an. In jedem Feld soll ein während der Einheit behandelter, biblischer Text kreativ dokumentiert werden. Dies kann z.B. in Form von Zeichnungen, Kollagen, Texten, Gedichten etc. von den Schülerinnen und Schülern individuell gestaltet werden. Die drei mittleren Felder sind für die drei biblischen Weisungen (Goldene Regel, Zehn Gebote, Doppelgebot der Liebe) vorgesehen, die anderen Felder für die in den einzelnen Bausteinen behandelten biblischen Geschichten oder Themenfelder. Die Vorlage sieht 12 Bausteine und drei biblische Weisungen vor. Werden weniger Panels benötigt als in der Vorlage vorhanden, muss diese ggf. individuell angepasst werden, z.B. durch Vorabschraffierung einzelner Panels. Werden alle 14 Bausteine unterrichtet, so können auf dem Dokumentationsblatt die Bausteine 2 und 3 oder 3 und 14 zusammengefasst werden, um eine ausreichende Anzahl an Panels zur Verfügung zu haben. Im Anhang findet sich ein vorbildliches Schülerbeispiel, aus einer sechsten Klasse. Allerdings enthält es zwei Bilder zu „Familie" („Jakob & Esau" und „Der Verlorene Sohn"), dafür keines zu „Freundschaft" („David & Jonatan"), Bausteine 3 und 14 sind zu einem zusammengefasst und bei Baustein 10 wurde nicht die Bibelgeschichte dargestellt. Die Vorlage „Dokumentationsblatt" befindet sich auf Seite 11, das Schülerbeispiel auf Seite 74 im Heft.

Mögliche Exkursionen oder Gäste im Unterricht

Begleitend zu den Bausteinen 8 bis 14 bieten sich unterschiedliche Exkursionen an. Es handelt sich hier um folgende Orte, aus denen je nach individuellen Voraussetzungen und Möglichkeiten eine Auswahl getroffen werden kann:

Baustein 8: Krankenhaus, Arztpraxis, Praxis für Physiotherapie
Baustein 9: Pflegeheim, Behindertenwerkstätte
Baustein 10: Vesperkirche, Suppenküche, Tafelladen
Baustein 11: Altenheim, Pflegedienst: z.B. musikalischen Beitrag zu deren Weihnachtsfeier leisten oder unterm Jahr ein kleines (Reli- und Musiklieder-)Konzert aufführen.
Baustein 12: SoS-Kinderdorf, Kinderheim, örtliches Jugendbüro
Baustein 13: Tierheim, Gnadenbrothof, örtlicher Kleintierzüchterverein
Baustein 14: Wald, Ortsgruppe eines Naturschutzbundes

Sind Exkursionen aus örtlichen oder schulorganisatorischen Gründen erschwert, so ist auch das Einladen eines Gastes z.B. aus der jeweiligen Institution eine Möglichkeit, um mit „Experten" ins Gespräch zu kommen. Je nach Elternschaft finden sich auch oft engagierte Personen unter den Eltern oder deren Bekannten:

Baustein 8: Arzt, Krankenschwester
Baustein 9: Mitarbeiter einer Behindertenwerkstätte, Begleitperson/persönlicher Assistent eines Menschen mit Behinderung
Baustein 10: Mitarbeiter eines Tafelladens, Freiwillige der Vesperkirche
Baustein 11: Mitarbeiter eines Altenheims oder eines Pflegedienstes, z.B. Diakonie
Baustein 12: Mitarbeiter eines SoS-Kinderdorfs oder eines anderen Kinderheims
Baustein 13: Mitarbeiter eines Tierheims, Gnadenbrothofes, Jäger, Förster
Baustein 14: Jäger, Förster, Mitglied eines Naturschutzbundes

Übersicht über die Bausteine und Materialien

Baustein	Materialien	Zu dokumentierende Bibelstelle
	M 0a Advance-Organiser blanko M 0b Advance-Organiser (Beispiel) M 0c Dokumentationsblatt blanko M 0d Dokumentationsblatt (Schülerbeispiel)	
Baustein	**Materialien**	**Zu dokumentierende Bibelstelle**
1 Ich bin einzigartig	M 1a Was macht mich einzigartig? (Fo) M 1b Ich bin einzigartig (Fo) M 1c Ich bin einzigartig (AB) M 1d Mädchen und Umgebung, ohne Engel (Fo) M 1e Schutzengel und Mädchen, gesamtes Bild (Fo)	
2 Ich bin ein Geschöpf Gottes	M 2a Die Erschaffung Adams (Michelangelo), Ausschnitt (Fo) M 2a Die Erschaffung Adams (Michelangelo) (Fo) M 2b Der Mensch – ein Geschöpf Gottes (AB)	Der erste Schöpfungsbericht (1. Mose 1,1–2,4)
3 Als Geschöpf Gottes habe ich eine Aufgabe – Gottebenbildlichkeit	M 3 Der Mensch – Ebenbild Gottes (AB)	Gottebenbildlichkeit des Menschen mit Herrschaftsauftrag (1. Mose 1, 26.28; 1. Mose 2,15)
4 Ich und meine Familie & Die Goldene Regel	M 4a Drei Übersetzungen der „Goldenen Regel“ (Fo) M 4b Struktur für die Poster M 4c Zu einem Streit gehören immer zwei (AB) M 4d Ein Konflikt zwischen Geschwistern: Jakob und Esau (AB)	Die Goldene Regel (Mt 7,12) Jakob und Esau Das Gleichnis vom Verlorenen Sohn (Lk 15,11–32)
5 Ich und meine Freunde	M 5a Landschaft mit drei Mädchen (August Macke) (Fo) M 5b Landschaft mit drei Mädchen + Denkblase (AB) M 5c Denkblasen der Mädchen (Fo/AB) M 5d Zwei Fotos zu Freundschaft (Fo) M 5e Ein Haufen Steine (AB) M 5f Wie Versöhnung möglich wird (Fo/AB) M 5g Erzählvorlage: David und Jonatan	David und Jonatan (1. Sam 20)

6 Ich und die Gruppe	M 6a Zollstation (Fo) M 6b Immer Ärger am Zoll (AB) M 6c Jesus und die Zöllner (AB)	Die Zehn Gebote (Ex 20,3–17) Lk 19,1–10 oder Mk 2,13–17
7 Ich in der Gesellschaft	M 7a Von den Arbeitern im Weinberg (AB) M 7b Das Doppelgebot (oder Dreifachgebot?) der Liebe (Fo/AB) M 7c Der Streichholzhändler (Otto Dix) (Fo) M 7d Der Streichholzhändler mit Denkblase (Fo/AB)	Die Arbeiter im Weinberg (Mt 20,1–16) Das Doppelgebot der Liebe (Mt 22,37–40)
8 Kranke Menschen	M 8 Der Barmherzige Samariter (Van Gogh) (Fo)	Der Barmherzige Samariter (Lk 10,30–35)
9 Menschen mit Behinderungen	M 9a Einraumhaus zur Zeit Jesu (Fo) M 9b Rollenspiel (AB) M 9c Frank (AB)	Die Heilung eines Gelähmten (Mk 2,1–12 oder Lk 5,17–26)
10 Arme Menschen	M 10a Arme Menschen (AB) M 10b Tafel und Vesperkirche (AB)	Von Reichtum und Nachfolge (Mk 19,17–27)
11 Ältere Menschen	M 11a Bilder von älteren Menschen (Fo) M 11b Blick auf das Alter aus biblischer Sicht (AB) M 11c Blick auf das Alter aus gesellschaftlicher Perspektive (AB)	Auswahl einer Bibelstelle aus M 11b
12 Kinder	M 12a Christus segnet die Kinder (Fo) M 12b Novalis und Kinder – Kinderbilder (Fo) M 12c Wichtige Kinderrechte (Fo)	Christus segnet die Kinder (Mk 10,13–16)
13 Tiere	M 13a Ausgesetzt (AB) M 13b Tiere in der Bibel (AB)	Auswahl einer Bibelstelle aus M 13b
14 Unser Lebensraum – Die Erde	M 14a Die Erde als Apfel (Fo) M 14b Unsere Energiequellen (AB)	Den Garten Eden „bebauen und bewahren“ (1. Mose 2,15)

M 0a

Advance-Organiser blanko

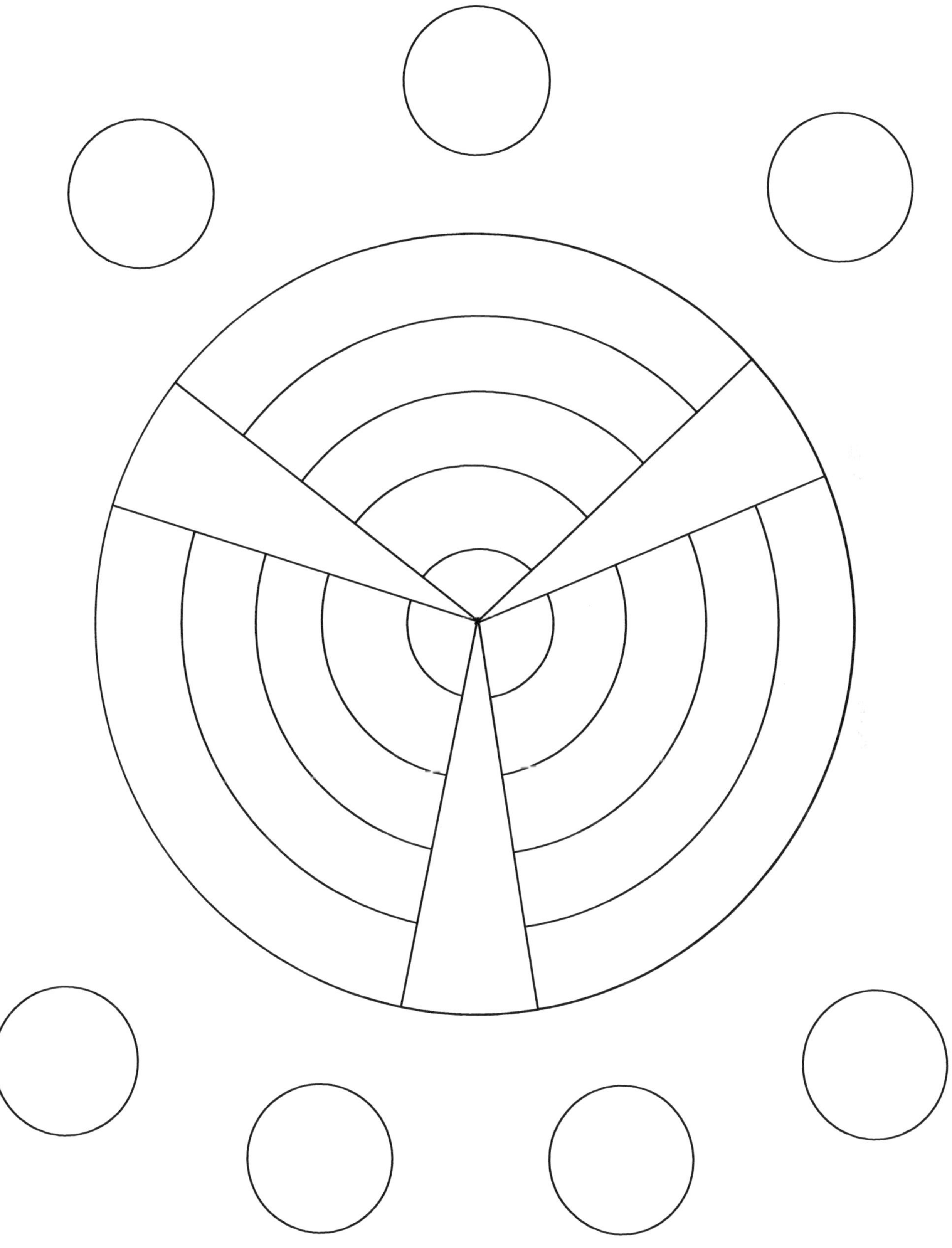

M 0b

Advance-Organiser (Beispiel)

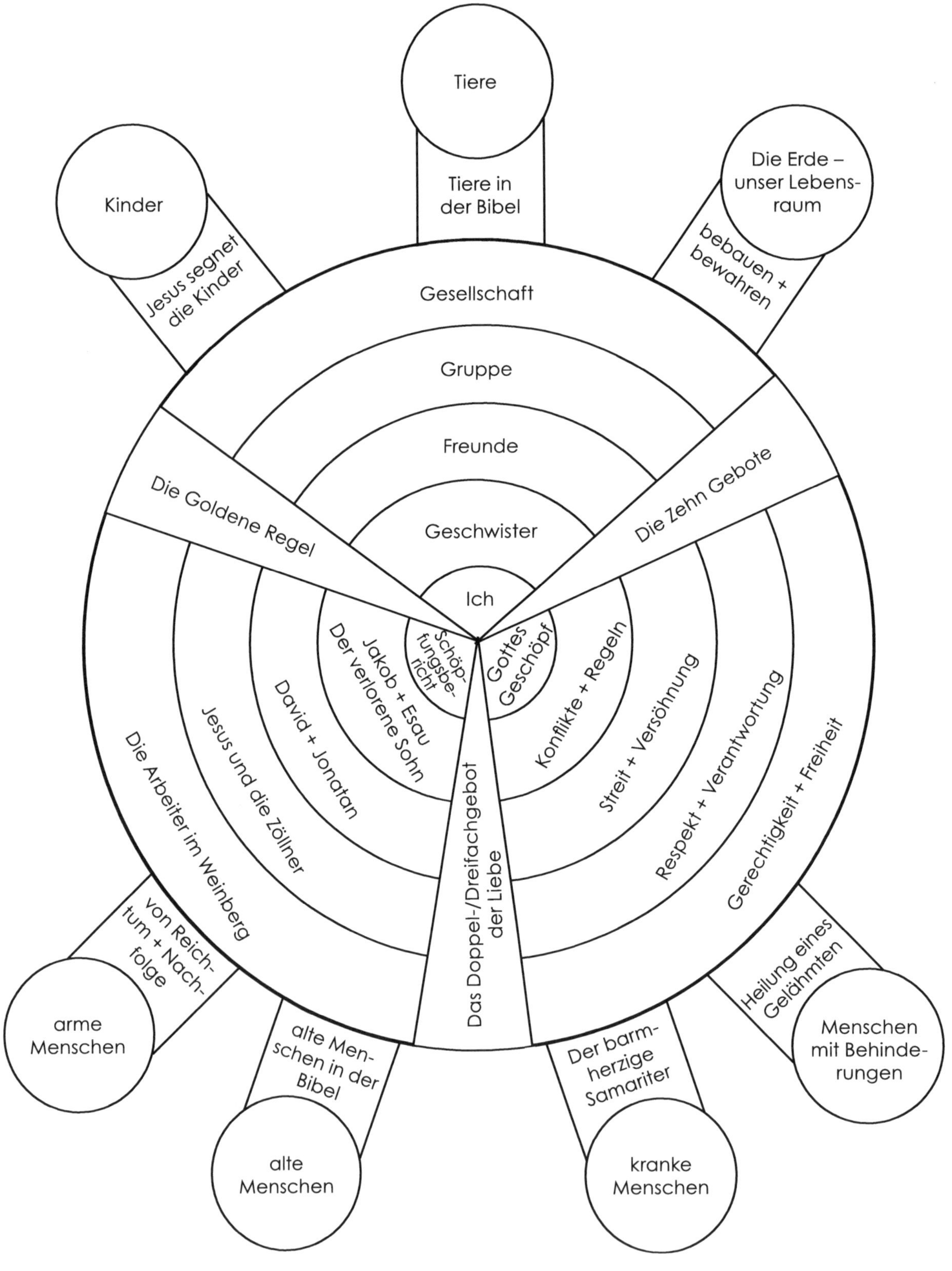

M 0c

Dokumentationsblatt blanko

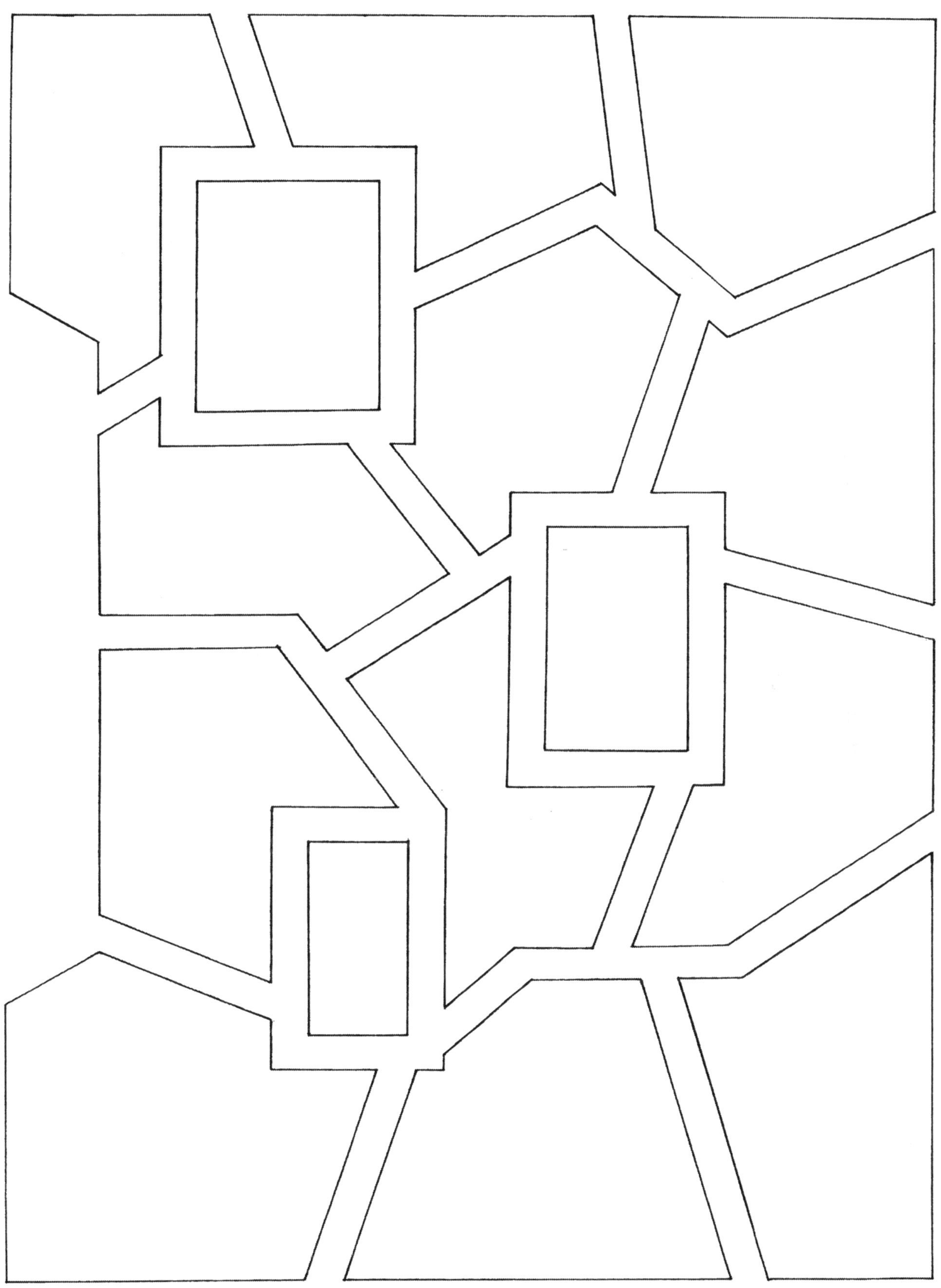

Baustein 1:
Ich bin einzigartig

Benötigte Materialien:
M 1a Was macht mich einzigartig? (Fo)
M 1b Ich bin einzigartig (Fo)
M 1c Ich bin einzigartig (AB)
M 1d Mädchen und Umgebung, ohne Engel (Fo)
M 1e Schutzengel und Mädchen, gesamtes Bild (Fo)
Pappteller, doppelseitiges Klebeband, Stifte

Bildbetrachtung 1:
M 1a Schutzengel und Mädchen (Ausschnitt: nur das Mädchen) *von Beate Heinen*
➢ Farbige Vorlage im Anhang, Seite 75

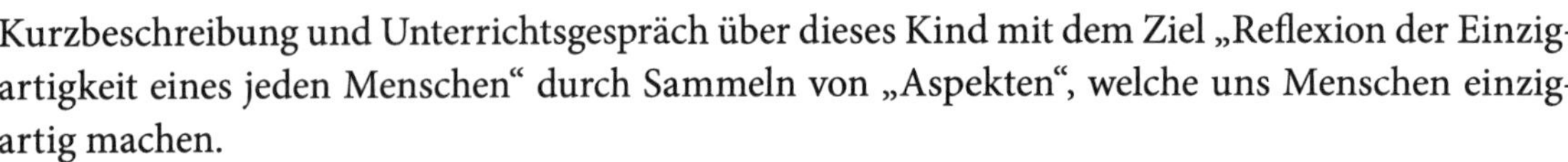

Kurzbeschreibung und Unterrichtsgespräch über dieses Kind mit dem Ziel „Reflexion der Einzigartigkeit eines jeden Menschen" durch Sammeln von „Aspekten", welche uns Menschen einzigartig machen.
→ Diese für alle sichtbar festhalten (Folie oder Tafel) – mögliche Aspekte nachzusehen auf **M 1b** (S. 14).

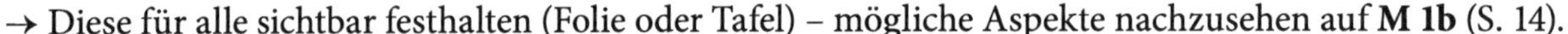

Erarbeitung:

Einzelarbeit: Reflektieren der eigenen Einzigartigkeit mit Hilfe von **M 1c** (S. 15).
Die SuS gestalten das Blatt über sich selbst. In den Rahmen kann ein Bild geklebt oder gemalt oder der Name hineingeschrieben werden.
→ Gegenseitiges Vorstellen in Kleingruppen oder im Plenum.

Im Anschluss kann man die SuS dazu animieren, sich eine Eigenschaft, ein Erlebnis zu überlegen, von dem sie meinen, dass es aus der Lerngruppe niemand anderen gibt, auf den genau dies zutrifft.
→ Aufstellen aller SuS im Kreis.
→ Reihum tritt jeder nacheinander einen Schritt nach vorne und nennt seine Einzigartigkeit z.B. mit folgendem Satz: „Ich heiße … und mich macht einzigartig, dass …"
Jeweils kurz innehalten und warten, ob es tatsächlich niemand anderen mit dem Ausgewählten gibt. Dies verdeutlicht die Einzigartigkeit eines jeden nochmals sehr anschaulich.

Pappteller-Aktivität:
Diese Aktivität ergänzt den eigenen Blick auf sich selbst und die persönliche Individualität durch Eindrücke und Wahrnehmungen der anderen und bringt meist noch andere, selbst oft ungeahnte Aspekte mit ein (Fremdwahrnehmung).
Alle SuS bekommen einen runden Pappteller auf den Rücken (doppelseitiges Klebeband oder mit Band um den Hals) und haben einen Stift bei sich. Die Klasse bekommt – je nach Größe – entsprechend Zeit, sich im Raum zu bewegen und sich gegenseitig positive Eigenschaften und Fähigkeiten auf den Pappteller zu schreiben. Am Ende werden die Pappteller abgenommen, durchgelesen und mit nach Hause gegeben. Die L sollte während dieser Aktivität darauf achten, dass nur Positives auf die Teller geschrieben wird und dass jeder bei jedem etwas hinzufügt. Für diese Aktivität sollte sich die Lerngruppe bereits etwas kennen.

Bildbetrachtung 2:

M 1d Schutzengel und Mädchen (Ausschnitt: Mädchen und Umgebung, ohne Engel) *von Beate Heinen*

➢ Farbige Vorlage im Anhang, Seite 76

Unterrichtsgespräch über das erweiterte Bild mit möglichen Leitfragen:

- ▸ Wie verändert sich das Bild?
- ▸ Was macht es mit dem Mädchen? Wie nehmt ihr dieses jetzt wahr?
- ▸ Welchen Titel könnten wir diesem Bild geben?

Bildbetrachtung 3:

M 1e Schutzengel und Mädchen (ganzes Bild) *von Beate Heinen*

➢ Farbige Vorlage im Anhang, Seite 77

Mögliche Leitfragen:

- ▸ Was passiert jetzt mit dem Bild?
- ▸ Welchen Titel würdet ihr ihm nun geben?
- ▸ Wer könnte der Schutzengel sein?
- ▸ Wer begleitet die Menschen durch ihr Leben?
- ▸ Wer wollte, dass es die Menschen gibt?
  (Diese Frage kann als Überleitung zur Sequenz „Mensch als Geschöpf Gottes" fungieren.)

M 1b

Ich bin einzigartig

Mein Name

Meine Familie

Meine Adresse und Telefonnummer

Mein Geburtstag

Was ich gerne mache: Meine Hobbys

Was ich gerne mag: Meine Interessen

Was ich mir wünsche: Meine Träume

Was ich gut kann: Meine Stärken

Was ich nicht mag: Meine Abneigungen

Wovor ich mich fürchte: Meine Sorgen und Ängste

Mein Fingerabdruck

Womit ich mich schwertue: Meine Schwächen

M 1c

Ich bin einzigartig

Baustein 2:
Ich bin ein Geschöpf Gottes

Benötigte Materialien:
M 2a Die Erschaffung Adams (Michelangelo), Ausschnitt (Fo)
M 2a Die Erschaffung Adams (Michelangelo) (Fo)
M 2b Der Mensch – ein Geschöpf Gottes (AB)
Bibeln

Bildbetrachtung 1:
M 2a Die Erschaffung Adams (Ausschnitt) *von Michelangelo Buonarroti*
➢ Farbige Vorlage im Anhang, Seite 78

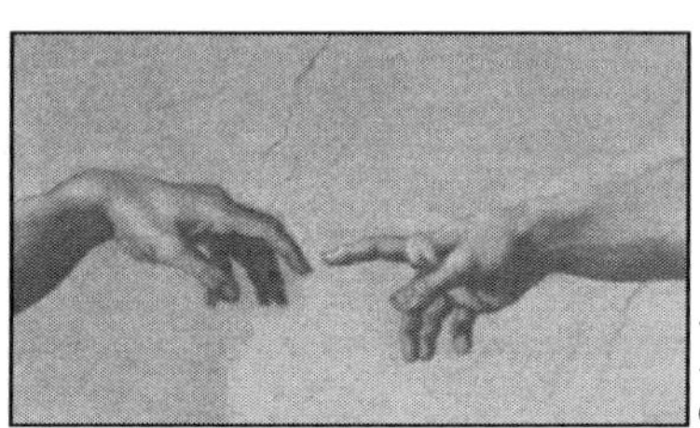

Betrachtung des Ausschnitts mit möglichen Leitfragen:
- Kennt ihr diesen Ausschnitt?
- Zu welchem größeren Bild gehört das?
- Wer hat es gemalt?
- Wo befindet es sich? → *Sixtinische Kapelle, Rom*

Bildbetrachtung 2:
M 2a Die Erschaffung Adams (ganzes Bild)
von Michelangelo Buonarroti
➢ Farbige Vorlage im Anhang, Seite 78

Betrachtung des ganzen Bildes und Unterrichtsgespräch über die Beziehung zwischen dem Bildtitel und dem Bild selbst mit möglicher Leitfrage:
- Woher hatte der Maler möglicherweise den Gedanken, dass der Mensch durch Gott auf die Welt kam?

Diese Frage kann als Überleitung zu den entsprechenden Bibeltexten, die auf dem **Arbeitsblatt M 2b** (S. 17) durch die SuS zu ergänzen sind, fungieren.

Erarbeitung:
Die SuS erarbeiten sich die Bibelstellen zur Geschöpflichkeit des Menschen eigenständig (EA) oder arbeitsteilig (PA) und halten die entsprechenden Verse auf dem **Arbeitsblatt M 2b** (S. 17) fest.
Es werden Bibeln benötigt, da die SuS auch üben sollen, aus einem größeren Textzusammenhang die relevanten Stellen herauszufiltern.

M 2b

Der Mensch – ein Geschöpf Gottes

Finde in den beiden biblischen Schöpfungsgeschichten die Verse zur Erschaffung des Menschen und übertrage sie mit Angabe der Bibelstelle in die Rahmen.

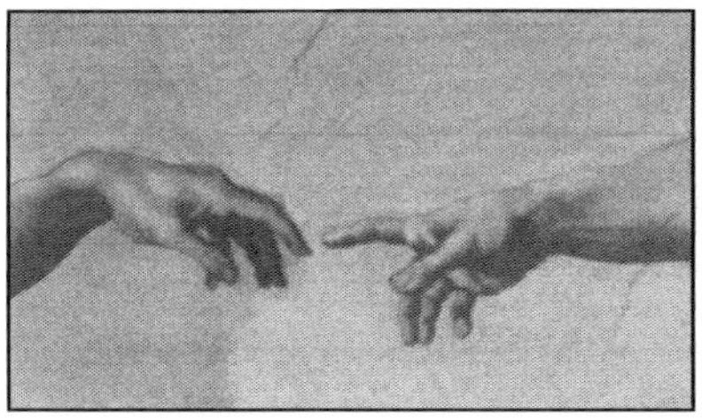

© akg-images

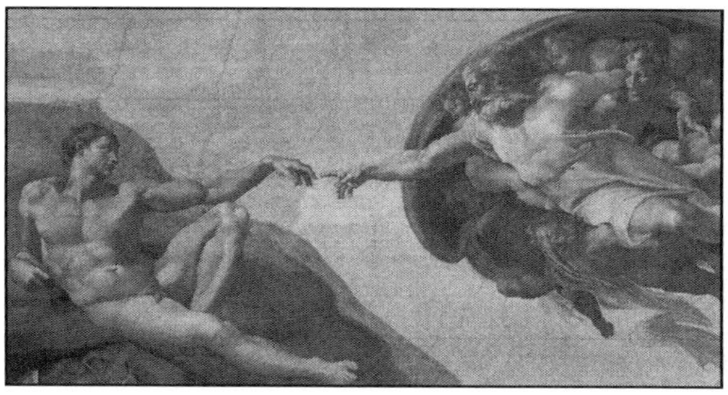

© akg-images

Auch Psalm 8 zeugt von der Erschaffung des Menschen.
Notiere dir die entsprechenden Verse hier.

Baustein 3: Als Geschöpf Gottes habe ich eine Aufgabe – Gottebenbildlichkeit

Benötigte Materialien:
M 3 Der Mensch - Ebenbild Gottes (AB)
Bibeln

Einstieg:
Über die Bibelstellen aus Baustein 2 kann zum Begriff „Gottebenbildlichkeit“ hingeleitet werden.

Erarbeitung:
Einzelarbeit: Mit Hilfe von **Arbeitsblatt M 3** (S. 19) und Bibeln erarbeiten sich die SuS den Begriff der „Gottebenbildlichkeit“ und den damit verbundenen „Herrschaftsauftrag“, indem sie die angegebenen Stellen lesen und entsprechend auf dem Arbeitsblatt dokumentieren.

Anwendung:
Partnerarbeit: Die SuS sammeln in der Tabelle „Do's & Don'ts“ (**Arbeitsblatt M 3**), wie sie sich dem Herrschaftsauftrag angemessen verhalten, bzw. welches Verhalten nicht vereinbar mit unserem Herrschaftsauftrag ist.

Differenzierung für schwächere SuS oder Lerngruppen:
Da die Formulierung „Do's & Don'ts“ sehr allgemein ist, kann man zur Erleichterung einen konkreten Kontext vorgeben, wie z.B. Umgang mit der Natur, mit Freunden, etc.

M 3

Der Mensch – Ebenbild Gottes

Beim Übertragen der Bibelstellen zur Erschaffung des Menschen bist du im ersten Schöpfungsbericht über folgende Formulierung gestolpert:

„Und Gott schuf den Menschen zu seinem Bilde, zum Bilde Gottes schuf er ihn.“ (1. Mose 1,27)

Hinweise auf die sogenannte **„Gottebenbildlichkeit“** kommen in der Bibel noch häufiger vor. Du kannst diese an folgenden Stellen nachlesen: 1. Mose 5,1/ 1. Mose 9,6 / Psalm 8,6.

Was ist hiermit wohl gemeint?

Der erste Schöpfungsbericht gibt hierzu gleich im Anschluss einen ersten Hinweis – findest du ihn in der Bibel?

Was Gott wohl damit gemeint haben könnte? Der zweite Schöpfungsbericht kann uns hier weiterhelfen. Lies selbst nach in 1. Mose 2,15.

Was bedeutet dies nun eigentlich konkret für dich? Was hat Gott dir aufgetragen?
Was sollst du tun und was wohl besser lassen, um deinem „Herrschaftsauftrag“ im Sinne Gottes nachzukommen?
Mach dir Gedanken darüber, indem du eine „Do's & Don'ts“- Liste für dein eigenes Handeln erstellst.

Do's	Don'ts

Baustein 4:
Ich und meine Familie & Die Goldene Regel

Benötigte Materialien:
Nochmals: M3 Der Mensch – Ebenbild Gottes (AB)
M 4a Drei Übersetzungen der „Goldenen Regel“ (Fo)
M 4b Struktur für die Poster
M 4c Zu einem Streit gehören immer zwei (AB)
M 4d Ein Konflikt zwischen Geschwistern: Jakob und Esau (AB)
Bibeln
Papier in unterschiedlichen Farben
Wenn vorhanden: Das Kursbuch Religion 1 – Neuausgabe 2015 (Calwer/Diesterweg)

Anknüpfungsmöglichkeit an Baustein 3:
Die SuS filtern aus der Sammlung von Handlungsmöglichkeiten aus der „Do's & Don'ts-Liste“ von **M 3** (S. 19), diejenigen Aufgaben heraus, die sich auf das „menschliche Miteinander“ beziehen und markieren diese (dies ist nicht möglich, wenn in Baustein 3 der binnendifferenzierende Hinweis genau hierzu gegeben wurde, denn dann gibt es ja ausschließlich solche Punkte).

Hinführung:
Unterrichtsgespräch mit gemeinsamen Überlegungen zur ersten menschlichen Gemeinschaft mit möglichen Leitfragen:

- Was ist die erste menschliche Gemeinschaft, in die ein Mensch in der Regel „hineingeboren“ wird? → *Familie*
- Auf wen trifft der Mensch hierin für gewöhnlich? → *Eltern/Geschwister/Großeltern*
- Wie wird bei euch zu Hause sichergestellt, dass es ein friedliches Miteinander gibt?
- Habt ihr Regeln?
- Welche Regeln gibt es bei euch?
- Wer macht diese Regeln?
- Was passiert bei einem Regelverstoß?
- Kennt ihr biblische Regeln, die sich auf das menschliche Zusammenleben beziehen? → *„Die Goldene Regel“ (Mt 7,12), Dreifachgebot der Liebe (Mk 12,29–31), Die Zehn Gebote (Ex 20,2–17 und Dtn 5,6–21)*

Erarbeitung 1:
Betrachtung von drei Übersetzungen der „Goldenen Regel“ auf dem **Arbeitsblatt M 4a** (S. 23):
Luther: „Alles nun, was ihr wollt, dass euch die Leute tun sollen, das tut ihnen auch!“
Gute Nachricht: „Behandelt die Menschen so, wie ihr selbst von ihnen behandelt werden wollt!“
Hoffnung für alle: „So wie ihr von den Menschen behandelt werden möchtet, so behandelt sie auch!“

Kurzes Thematisieren der unterschiedlichen Übersetzungen mit möglichen Leitfragen:

- Welche Vor- bzw. Nachteile seht ihr bei den einzelnen Varianten?
- Für wen und für welchen Zweck sind sie wahrscheinlich geschrieben worden?
- Welche zieht ihr vor und warum?

Erarbeitung 2:
Unterrichtsgespräch über Anwendbarkeit der Goldenen Regel in der Familie mit möglichen Leitfragen:
- Passt diese „Goldene Regel" auch auf den Bereich der Familie?
- Würdet ihr euch wohlfühlen, ginge es euch gut, wenn sich eure Familie an diese Regel hält?
  → „Goldene Regel" auf **Dokumentationsblatt** in eines der drei mittleren Kästchen eintragen.

Erarbeitung 3:
Mögliche Überleitung: *Trotz Regeln geht es in der Familie gelegentlich auch mal nicht so harmonisch zu.*

Gruppenarbeit in vier Phasen zum Umgang mit Problemen in der Familie mit Ergebnissicherung auf Postern (mögliche Strukturvorgabe für das **Poster** siehe **M 4b**, S. 24).
Phase 1: Sammlung von möglichen Problemen und Streitpunkten innerhalb einer Familie (Kind-Eltern; Geschwister untereinander) und Festhalten auf einem Poster (Ebene 1 – Kreismitte).
Phase 2: Alle Gruppen wechseln geschlossen zu einem anderen Poster und notieren auf der nächsten Ebene mögliche Lösungen für die dort notierten Probleme (Ebene 2 – Fläche zwischen den beiden Kreisen).
Phase 3: Gruppen wechseln nochmals geschlossen zu einem weiteren Poster, erfassen das nun vorliegende Poster, bewerten für sich die Ergebnisse und notieren sich ggf. Anfragen (Ebene 3 – Fläche außerhalb des äußeren Kreises).
Phase 4: Die Gruppen der 3. Phase präsentieren das ihnen vorliegende Poster und bringen ggf. ihre Anfragen an die Probleme und/oder alternativen Lösungen vor.
Die Gruppen, an die die Anfragen gehen, erklären/ergänzen/lenken ein. Wenn möglich werden bleibende Kontroversen im Plenum diskutiert.

Erarbeitung 4:
Mögliche Überleitung: *Mit diesem Wissen schauen wir uns nun einen familiären Streitfall genauer an und untersuchen, was dort schiefgelaufen ist.*

Text „Zu einem Streit gehören immer zwei – Das ist doch nicht fair" (**Arbeitsblatt M 4c**, S. 25, oder im Kursbuch Religion 1, 2015, S.162) gemeinsam lesen.
Mögliche Leitfragen:
- Warum ist es hier zum Streit gekommen? (Grund benennen, nicht Geschichte nacherzählen!)
- Wie beurteilt ihr die Reaktion der Schwester?
- Warum bringt sie nichts?

4er-Gruppenarbeit: Rollenspiel des Streits und seiner möglichen Lösung erarbeiten und vorspielen lassen (entspricht Aufgabe 1 im Kursbuch Religion 1, 2015, S. 162).

Erarbeitung 5:
Mögliche Überleitung: *Streit unter Geschwistern und in der Familie kannte auch die Bibel schon.*

Das Gleichnis vom Verlorenen Sohn (Lk 15,11–32):
Vorlesen des Bibeltextes bis Vers 20b durch die L (oder Lehrererzählung).

Noch ist alles offen und diese Geschichte kann ganz unterschiedlich ausgehen:
Die SuS sammeln Handlungsoptionen der einzelnen Personen (Sammeln im Plenum oder Partner- bzw. Kleingruppenarbeit mit anschließender Präsentation z.B. auf Metaplankarten/Minipostern unterschiedlicher Farben.

Mögliche Optionen:
Vater
... ist froh über Rückkehr des Sohnes, nimmt diesen freudig wieder auf, feiert ein Fest.
... jagt den Sohn davon und will nichts mehr von ihm wissen.
... duldet den Sohn auf dem Hof, behandelt ihn aber nicht wie Familie, sondern wie einen seiner Knechte.

Mutter
... ist froh über die Rückkehr des Sohnes, freut sich, ihn wiederzusehen und nimmt ihn freudig wieder auf.
... verstößt den Sohn und lässt ihn nicht mehr auf dem Hof wohnen.

Bruder
... freut sich über die Rückkehr und das Wiedersehen, endlich ist die Familie wieder komplett.
... ist wütend und enttäuscht, will auf keinen Fall, dass der Bruder bleibt, denn er hat seine Chance gehabt. Wenn er doch bleibt, macht er ihm das Leben zur Hölle.

4er-Gruppenarbeit: Rollenspiel zu möglichen Ausgängen der Geschichte.
Die SuS erarbeiten sich gemeinsam in ihrer Gruppe ihr individuelles Ende der Geschichte in Form eines Rollenspiels (Rollen: Vater, Mutter, Verlorener Sohn und Bruder) und führen diese im Anschluss im Plenum vor. Als Startpunkt kann die Szene dienen, in der sich der Verlorene Sohn mit letzter Kraft auf den Hof schleppt.

Vorlesen des biblischen Endes durch L (oder Lehrererzählung). Abgleich mit vorgespielten Enden.
Mögliche Leitfragen:
- Hat eine Gruppe genau dieses Ende auch gespielt?
- Waren ähnliche Ausgänge bei den Rollenspielen dabei, die sich nur leicht unterscheiden? Inwiefern?
- Gespräch über die Bibelgeschichte:
  Kann man von einem Happy End sprechen? Warum (nicht)? Ist das Ende gerecht? Warum (nicht)?

Wurde die Textgattung „Gleichnisse" bereits in der Lerngruppe eingeführt, so kann an dieser Stelle über die Bild- und Sachebene gesprochen werden. *Vater – Gott; Verlorener Sohn – Mensch als Sünder*
Hierzu können folgende Leitfragen hilfreich sein:
- Wie kann man die Personen im Gleichnis auf die Sachebene, auf unsere Welt übertragen?
- Wenn der Vater für Gott steht, was können wir dann durch dieses Gleichnis über Gott lernen?
- Was bedeutet dieses Gleichnis für unser Verhältnis zu Gott, für unsere Begegnung mit Gott?
- Was lehrt uns dieses Gleichnis über das Reich Gottes?

Wurde bisher noch nicht über biblische Gleichnisse gesprochen, so ist eine Hinführung zur Textsorte Gleichnisse über das Gleichnis „Vom Verlorenen Sohn" an dieser Stelle für manche Lerngruppen möglicherweise sehr anspruchsvoll. An dieser Stelle sei erwähnt, dass das Gleichnis vom „Barmherzigen Samariter" (Lk 10,25–37) in dieser Einheit noch behandelt wird und sich in dessen Folge dann ein Exkurs zur Interpretation von Gleichnissen anbietet. Dieser ist in dieser Dokumentation nicht enthalten.

Erarbeitung 6:
Mögliche Überleitung: *Streit unter Geschwistern und in der Familie kannte auch die Bibel schon.*

Die Geschichte von Jakob und Esau (1. Mose 25,19–34 / 1. Mose 27,1–45).

Die SuS erarbeiten sich die Geschichte von Jakob und Esau über deren individuelle Merkmale und Charaktereigenschaften mit Hilfe von Arbeitsblatt **M 4d** (S. 26) und Bibeln, sowie über den Wandel im Verhältnis zwischen den Brüdern.
→ Vergleich in Partnerarbeit oder Besprechung im Plenum.

M 4a

Drei Übersetzungen der „Goldenen Regel“ (Matthäus 7,12)

Luther:

„Alles nun, was ihr wollt, dass euch die Leute tun sollen, das tut ihnen auch!“

Gute Nachricht:

„Behandelt die Menschen so, wie ihr selbst von ihnen behandelt werden wollt!“

Hoffnung für alle:

„So wie ihr von den Menschen behandelt werden möchtet, so behandelt sie auch!“

M 4b

Struktur für die Poster

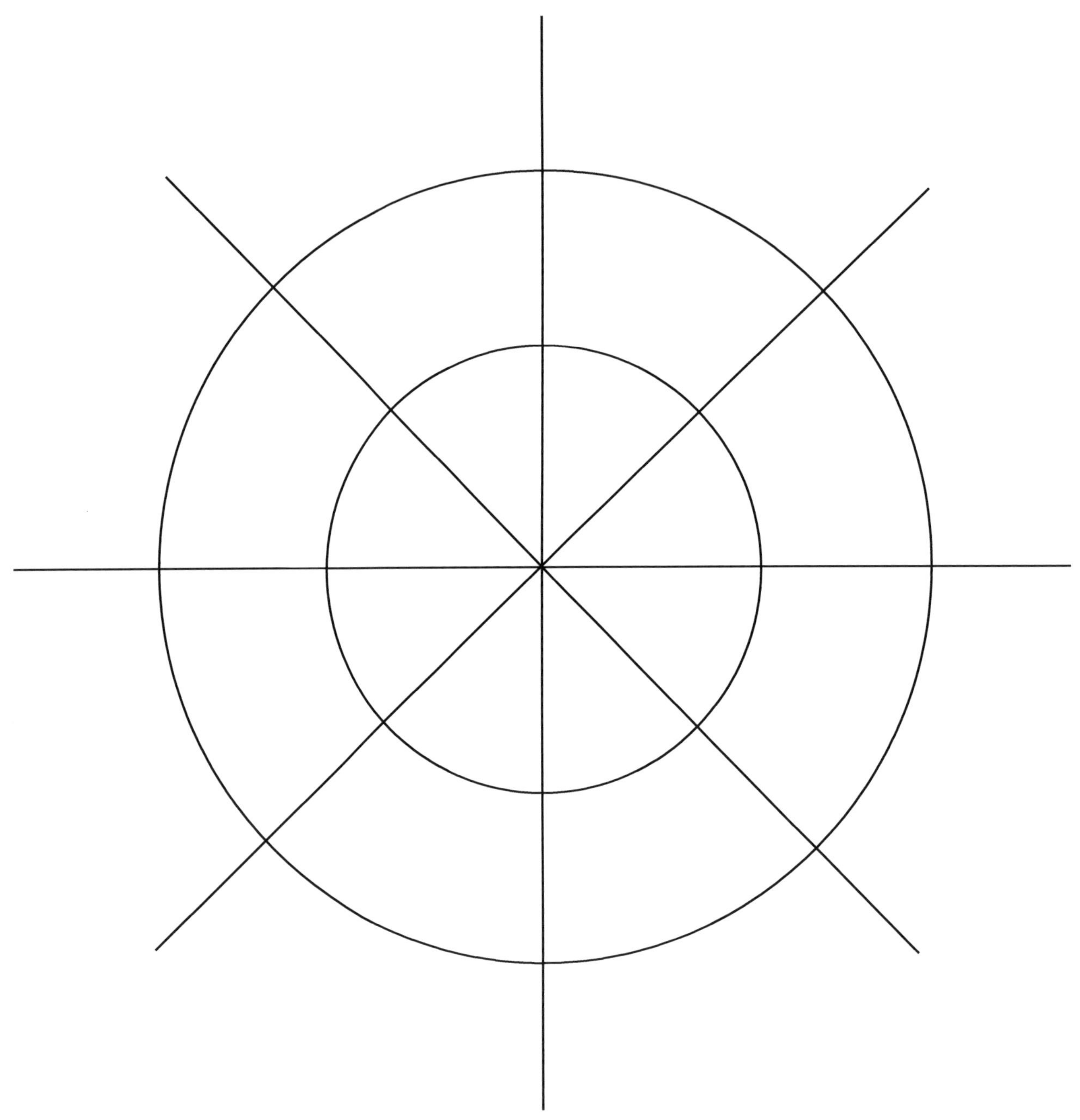

M 4c

Zu einem Streit gehören immer zwei

Das ist doch nicht fair!

Meine Mutter ist richtig klasse: Sie hat einen tollen Job, hat eine super Figur, kann fünf Sprachen sprechen und spielt zudem noch Saxophon. Trotz ihrer vielen Interessen nimmt sie sich viel Zeit für uns Kinder. Ich mag sie – sie ist wirklich eine tolle Mutter. Wenn da nicht eine Sache wäre, die uns das Leben ziemlich schwer macht: Sie kann wirklich nicht kochen. Das wäre ja kein Problem, wenn Papa nicht ausgezogen wäre und Jan, Mamas neuer Freund, kochen könnte.

Und so gibt es bei uns nun eben oft Streit wegen des Essens. Heute habe ich mich mal wieder riesig über meinen blöden Bruder ärgern müssen – diesen Volltrottel. Schon am Morgen hat er so was von genervt. Und dann war es einfach genug: Meine Mutter hat gesagt, dass niemand von den Pommes bekommt, wenn er nicht von der italienischen Gemüsesuppe von gestern isst. Philipp hatte natürlich wieder ein Gesicht gemacht wie drei Tage Regenwetter. Ich dachte mir: Augen zu und durch, und habe die labbrigen Nudeln widerwillig hinab in den Magen befördert. Schließlich warteten danach Pommes und Mozzarella-Tomaten – mein Lieblingsessen. Und Philipp saß immer noch da und stocherte missmutig mit der Gabel in seiner Suppe herum. Nur wer seine Suppe isst, bekommt Pommes, hat meine Mutter noch mal gesagt. Ich freute mich schon auf eine Extraportion. Und dann ist Jan wieder eingeknickt. Ich hätte ihn ohrfeigen können. Philipp bekam die Pommes, obwohl er die Suppe nicht gegessen hat! Er müsse doch zu einem Fußballspiel ... Ich kochte innerlich vor Wut. Ich schrie sie alle an: „Das ist nicht fair! Alles ungerecht! Ihr brecht doch eh immer euer Wort ..." Wutschnaubend bin ich rausgerannt, mit aller Wut habe ich die Tür zugedonnert.

Das ist einfach nicht gerecht!

Aus: Das Kursbuch Religion 1 (2015), Seite 162. © Calwer Verlag, Stuttgart / Diesterweg, Braunschweig

Zeichnung: Angelica Guckes

M 4d

Ein Konflikt zwischen Geschwistern: Jakob und Esau

Die Geschichte von den Brüdern Jakob und Esau findest du im Alten Testament im 1. Buch Mose.

Lies den ersten Teil der Geschichte in *1. Mose 25,19–34* und halte in der Tabelle die Merkmale und Charaktereigenschaften der beiden Brüder fest.

Jakob	*Esau*

Lies, wie die Geschichte weitergeht in *1. Mose 27,1–45*.
Achte besonders auf die Ereignisse, die das Verhältnis zwischen den Brüdern verändern.
Halte die einzelnen Schritte stichwortartig in einem Flussdiagramm fest. Wenn du mehr Kästchen brauchst, verwende die Rückseite.

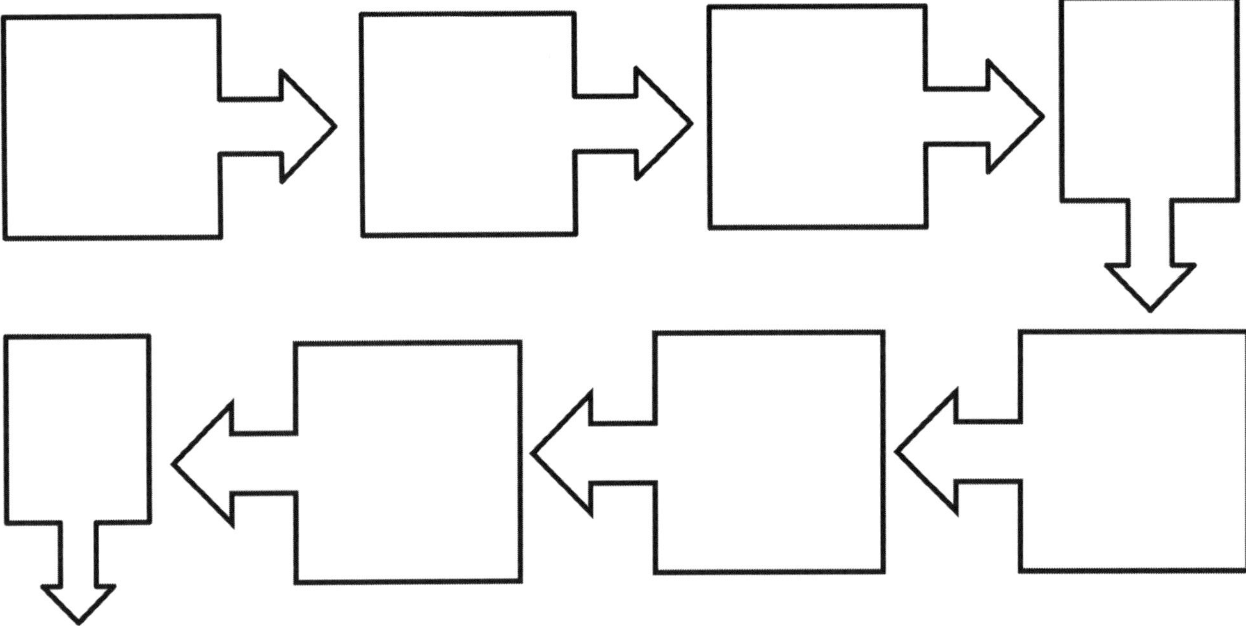

Finde Begriffe, die das Verhältnis der beiden Brüder am Ende dieses Abschnitts beschreiben:

____

____

Baustein 5:
Ich und meine Freunde

Benötigte Materialien:
M 5a Landschaft mit drei Mädchen (August Macke) (Fo)
M 5b Landschaft mit drei Mädchen + Denkblase (AB)
M 5c Denkblasen der Mädchen (Fo)
M 5d Zwei Fotos zu Freundschaft (Fo)
M 5e Ein Haufen Steine (AB)
M 5f Wie Versöhnung möglich wird (Fo/AB)
M 5g Erzählvorlage: David und Jonatan
Pfeifenputzer in unterschiedlichen Farben

Bildbetrachtung:
M 5a Landschaft mit drei Mädchen *von August Macke, 1911*
➢ Farbige Vorlage im Anhang, Seite 79

Mögliche Leitfragen:
- Beschreibt, was auf dem Bild zu sehen ist.
- Wie wirkt die Stimmung des Bildes auf euch? (Ist es eher ein trauriges oder ein fröhliches Bild oder weder noch? Warum?)
- Wie stehen die drei Mädchen zueinander? Inwiefern würde es für euch einen Unterschied machen, wenn es drei Jungen wären?
- Wie sind eure Erfahrungen mit Freundschaften zu dritt? Warum haben sie bei euch (nicht) funktioniert?

Erarbeitung zur Bildbetrachtung:
M 5b Landschaft mit drei Mädchen (und Denkblase) *von August Macke, 1911* (S. 30)
Einzelarbeit: Sucht euch eins der drei Mädchen aus und füllt für es die Denkblase aus.
Denkblasenvorlage M 5c für einzelne Ergebnisse auf Folie (S. 31).

Mögliche Leitfragen zur Unterstützung:
- Was geht dem Mädchen durch den Kopf?
- Wie fühlt es sich?
- Woher kommen die drei?
- Wohin gehen die drei?
  → Die SuS im Plenum vorlesen lassen, ggf. die einzelnen Denkblasenfolien (**M 5c**) dazu auf OHP auflegen.
  → Unterrichtsgespräch über unterschiedliche Gefühlslagen, Gedanken der einzelnen Ideen.

Alternative:
Statt „Landschaft mit drei Mädchen“ können auch die **Fotos (M 5d)** verwendet werden.
➢ Farbige Vorlagen im Anhang, Seite 80

Bei beiden Fotos bieten sich die Formulierung und Vorführung eines Dialogs zwischen den beiden Freundinnen/Freunden als kreative Aufgabe an. Binnendifferenzierend können Rahmenbedingungen (wie z.B. erstes Treffen nach Kennenlernen auf neuer Schule oder erstes Gespräch nach einem Streit) oder Themen (z.B. Konflikt in der Familie als Rückgriff auf Baustein 4) vorgegeben werden.

Markus Bormann / stock.adobe.com

Erarbeitung:
Mögliche Überleitung: *Wir werfen nun einen genaueren Blick auf Freundschaften.*

3er- bis 5er-Gruppenarbeit in vier Phasen zum Thema „Freundschaft“ mit Dokumentation auf Metaplankarten oder Poster:

Robert Kneschke / stock.adobe.com

Phase 1: Wege zur Freundschaft
- ▸ Wie kommt es überhaupt zu Freundschaften zwischen Menschen?
- ▸ Warum sind zwei (oder mehr) Menschen miteinander befreundet?
- ▸ Was unterscheidet einen „Bekannten“ von einem „Freund“?

Phase 2: Das Herz der Freundschaft
- ▸ Was macht für euch eine Freundschaft aus?
- ▸ Was gehört für euch zu einer Freundschaft unbedingt dazu?
- ▸ Gibt es Regeln in einer Freundschaft? Wenn ja, welche und wer macht sie?

Phase 3: Das Aus für eine Freundschaft
- ▸ Woran können Freundschaften scheitern und zerbrechen?
- ▸ Was sind eurer Meinung nach Nogo's unter Freunden?

An dieser Stelle Unterbrechung der Gruppenarbeit durch einen Lehrervortrag:
Die **Geschichte „Ein Haufen Steine“ (M 5e**, S. 32) wird vorgelesen oder mit der Klasse gemeinsam gelesen.
*Mögliche Missverständnisse können an der gekennzeichneten Stelle * mit den SuS gemeinsam im Unterrichtsgespräch überlegt werden.*

Unterrichtsgespräch über das „Brückenbauen“ (die Geschichte kann als eine Art nicht-biblisches Gleichnis gelesen werden).

Mögliche Leitfragen:
- ▸ Was hat der Arbeiter genau gebaut?
- ▸ Welche Bedeutung hat das Gebilde für die beiden Nachbarn? Was bewirkt es?
- ▸ Welche Rolle spielt der Arbeiter?
- ▸ Inwiefern ist er wichtig für die Geschichte?
- ▸ Wer könnte das im übertragenen Sinn sein?
- ▸ Braucht man ihn unbedingt?
- ▸ Was wäre mit der Geschichte, wenn der Arbeiter nicht gekommen wäre?
- ▸ Hätten die Nachbarn es wohl auch alleine geschafft?
- ▸ Wenn ja, was wäre hierfür dann nötig gewesen?

Fortsetzung der Gruppenarbeit auf Grundlage des gemeinsam Erarbeiteten:

Phase 4: Vergebung/Versöhnung
Persönliche Versöhnungserfahrungen der SuS mit gutem/schlechtem Ausgang sammeln lassen und herausarbeiten, warum die Versöhnung im jeweiligen Fall geklappt bzw. nicht geklappt hat.

Ergebnissicherung:
Die SuS schreiben in die Rucksäcke der beiden Menschen (**Arbeitsblatt M 5f**, S. 33), was zu Versöhnung nötig ist, was jeder "mitbringen" muss, also bereit ist zu tun bzw. zu lassen.

Mögliche Vertiefung:
Ein Unterrichtsgespräch darüber, was darüber hinaus für die Zukunft nach der Versöhnung wichtig ist, kann den Baustein abrunden.

Abschluss von Jakob und Esau (mit Schwerpunkt auf „Versöhnung"):
Hat man in Baustein 4 die Geschichte von Jakob und Esau erarbeiten lassen, so kann deren Ende hier beispielhaft als biblisches Versöhnungsereignis als animierter Film (z.B. Beginn von „Die Rückkehr Jakobs" – Die Bibel für Kinder: https://www.youtube.com/watch?v=bHebdrdGv9g) gezeigt werden. Es muss lediglich vorher ergänzt werden, dass Jakob tatsächlich dem Rat der Mutter gefolgt ist und nach Haran geflohen ist, von woher er nach vielen turbulenten Jahren nun wieder zurückkommt.
Ein Unterrichtsgespräch über die besondere Bedeutung von Versöhnung unter Geschwistern (*Familie, später möglicherweise gemeinsame Sorge um die alten Eltern, verantwortungsvoller Umgang mit elterlichem Besitz, etc.*) kann diesen Baustein abrunden.

Biblischer Bezug „David und Jonatan" (mit Schwerpunkt „Freundschaft"):
L erzählt die Geschichte von der Freundschaft zwischen David und Jonatan ggf. mit Hilfe von **M 5g** (S. 34/35). Unterrichtsgespräch zum Klären des Verständnisses und zum Erfassen der Tiefe der Freundschaft zwischen David und Jonatan:

Mögliche Leitfragen:
- Hätte David auch Jonatans Feind werden können? Warum? Weshalb ist es doch anders gekommen?
- „Wir wollen immer zusammenhalten!" – ist ein Versprechen, das sich die beiden einander geben: Was beinhaltet das konkret für die beiden im Verlauf der Geschichte? Denkt ihr, die beiden können das „immer zusammenhalten" tatsächlich so leben, auch wenn sie getrennt sind? Wenn ja, wie? Was müssen beide wissen/tun?
- Was würde es für euch in einer Freundschaft bedeuten? Was müsstet ihr dafür tun?
- Wie erklärt ihr euch, dass es dazu kommen konnte, dass Jonatan die Verbundenheit mit David wichtiger war als die mit seinem Vater? (Diese Frage kann auch vor dem Hintergrund des Bausteins 4 besprochen werden.)

Kreativer Baustein:
Die SuS „Freundschaft" mit Hilfe von Pfeifenputzern darstellen lassen.

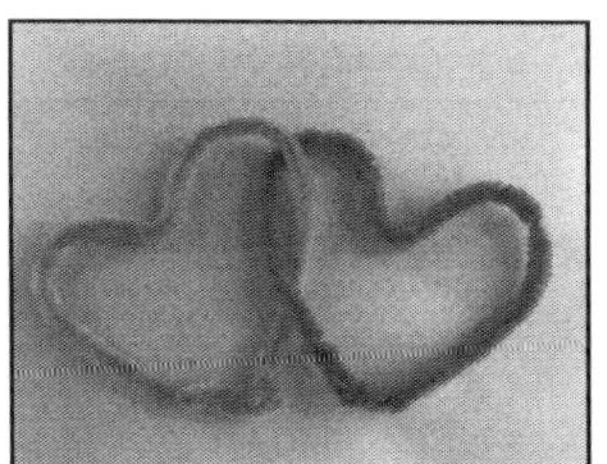

Fotos: Karin Klem

M 5b

Landschaft mit drei Mädchen

August Macke, Landschaft mit drei Mädchen © akg-images

M 5c

Denkblasen der Mädchen

M 5e Ein Haufen Steine

Zwei Nachbarn lebten seit Jahren friedlich nebeneinander. Der eine war sehr groß gewachsen und kräftig, der andere eher klein und ein nachdenklicher Typ, aber sie verstanden sich prächtig: Wenn sie sich sahen, grüßten sie sich, brauchte der eine einen Schubkarren oder der andere ein Ei – so halfen sie sich gegenseitig aus, ohne lange zu überlegen. Bis es eines Tages zu einem klitzekleinen Missverständnis kam.*

Eine immer größer werdende Kluft bildete sich dann zwischen ihnen, bis es zu einem heftigen Streit kam, bei dem sich beide Nachbarn aufs Schlimmste beleidigten. Fortan mieden sie jeglichen Kontakt und keiner sprach mehr ein Wort mit dem anderen.
Eines Tages klopfte jemand an der Tür des großen Nachbarn. Es war ein Mann, er suchte Arbeit. „Kann ich vielleicht einige Reparaturen bei Ihnen durchführen?" „Ich hätte schon Arbeit für dich", antwortete der Mann. „Dort, auf der anderen Seite des Baches steht das Haus meines Nachbarn. Vor einiger Zeit hat er mich schwer beleidigt. Ich will nun endgültig nichts mehr mit ihm zu tun haben und ihn aus meinem Leben streichen."
„Hinter meinem Grundstück steht eine alte Ruine, und davor findest du einen großen Haufen Steine. Damit sollst du eine 2 Meter hohe Mauer vor meinem Haus errichten. So bin ich sicher, dass ich den Nachbarn nicht mehr sehen werde."
„Ich habe verstanden", antwortete der Arbeiter. Dann ging der Mann für eine Woche auf Reise. Als er wieder nach Hause kam, war der Arbeiter fertig. Welch eine Überraschung für den Mann! So etwas hatte er nicht erwartet. Denn anstatt einer Mauer hatte der Arbeiter eine schöne Brücke gebaut.
Da kam auch schon der Nachbar aus seinem Haus, lief über die Brücke und nahm seinen Nachbarn in die Arme. „Was du da getan hast, ist einfach wunderbar! Eine Brücke bauen lassen, wo ich dich doch schwer beleidigt hatte! Ich bin so froh und bitte dich um Verzeihung."

Während die beiden Nachbarn Versöhnung feierten, räumte der Arbeiter sein Werkzeug auf und schickte sich an, weiter zu ziehen. „Nein, bleib doch bei uns, denn hier ist Arbeit für dich", sagten sie ihm.
Der Mann aber antwortete: „Gerne würde ich bei euch bleiben, aber ich habe noch anderswo viele Brücken zu bauen …"

Claudia Rothenberger

Versöhnung ist so wie Brückenbauen: Wo die Gräben des Streits, der Wut oder des Hasses entzweien, benötigt es Brücken, damit sich Menschen wieder verstehen.

M 5f

Wie Versöhnung möglich wird

Zeichnung: Angelica Guckes

M 5g

David und Jonatan

David war am Hof von König Saul. Alles lief gut, er war ein guter Krieger und bei allen beliebt. Aber genau aus diesem Grund wurde Saul eifersüchtig auf David. Denn Saul hatte Angst, dass David irgendwann König werden könnte. „Aber das geht nicht. Mein Sohn Jonatan muss nach mir König werden!", schimpfte Saul. Jonatan war der Prinz. Er war der Nachfolger Sauls. Schon seit er ein Kind war, wusste er, dass er einmal König werden sollte. Aber jetzt war David da. David war beliebt. Und Gott hatte sogar schon gesagt, dass David der nächste König werden soll. Jonatan sah David oft. Er sprach mit ihm. Und Jonatan mochte David. Und David mochte Jonatan. Sie waren eigentlich Rivalen, nur einer könnte König werden. Trotzdem wurden sie echte Freunde. Und echte Freunde halten zusammen.

Einmal kam Jonatan zu David. „David", sagte er. „Du bist wirklich mein bester Freund. Ich möchte dir ein Geschenk machen." Dann nahm Jonatan seinen Mantel und seine Rüstung. „Hier David, das ist für dich." David staunte: „Wirklich für mich?" „Ja, David", entgegnete Jonatan, „das soll dir zeigen, wie wichtig mir unsere Freundschaft ist." Dann nahm Jonatan noch sein Schwert, seinen Bogen und seinen Gürtel. Alles gab er David. David war gerührt. Er nahm Jonatan in den Arm. „Wir wollen immer zusammenhalten, versprochen."

David hatte einen echten Freund. Aber trotzdem musste er jetzt fliehen. Saul hatte wieder einmal versucht, ihn umzubringen. (...) Was würde jetzt aus ihrer Freundschaft werden? Würde Jonatan zu seinem Vater halten? Endlich gab es eine Gelegenheit, dass die zwei Freunde sich treffen und aussprechen konnten.

„Was habe ich getan? Warum will dein Vater mich umbringen?", fragte David. „Warum sollte mein Vater das tun?", verteidigte Jonatan seinen Vater. „Du wirst nicht sterben. Mein Vater sagt mir doch alles, was er tut. Und davon hat er mir nichts gesagt." „Aber Saul weiß doch, dass wir Freunde sind. Deshalb hat er dir nichts gesagt. Aber er hat versucht, mich zu töten. Beinahe hätte er es auch geschafft." „Ich halte zu dir, David", sagte Jonatan. „Sag mir, was ich tun soll."

Gott hatte auch David vor Saul bewahrt (...). Auch Jonatan wollte David helfen. „Ich habe eine Idee", sagte David. „Morgen feiert Saul doch ein Fest, das drei Tage lang gehen soll. Ich bin auch eingeladen. Aber ich werde nicht hingehen, sondern mich weiter verstecken. Geh du zu dem Fest. Wenn er nachfragt, sag ihm, dass ich bei meiner Familie bin und mit ihnen feiere. Je nachdem, wie er reagiert, siehst du dann, ob er noch wütend auf mich ist oder nicht." Jonatan fand die Idee gut: „In drei Tagen treffen wir uns wieder hier auf dem Feld. Dann sage ich dir, ob mein Vater dir Böses tun will oder nicht." Schweren Herzens verabschiedeten sich die Freunde. Das Warten fiel David schwer. Aber er wusste, dass er sich auf seinen Freund verlassen konnte. Jonatan ging am nächsten Tag zum Fest seines Vaters. Der Tisch war gedeckt. Alle waren da: Saul, gegenüber saß Jonatan, an einer Seite

saß Abner. Aber der Platz an der anderen Seite blieb leer. Am ersten Tag sagte Saul nichts über David. Aber am zweiten Tag fragte er: „Jonatan, weißt du, warum David nicht zum Fest gekommen ist? Er war gestern nicht da und heute auch nicht."
„David hat mich gefragt, ob er zum Fest zu seiner Familie nach Bethlehem gehen kann", antwortete Jonatan. „Deshalb ist er nicht gekommen." Dann sah Jonatan seinen Vater an und wartete auf seine Reaktion. Saul sprang auf. Er wurde richtig wütend. „Jonatan, warum verstehst du das nicht?", schimpfte er. „Solange David lebt, wirst du nie König werden können. David muss sterben." Jetzt hatte Jonatan es direkt von seinem Vater gehört. Saul wollte David immer noch töten. Aber Jonatan war Davids Freund und echte Freunde halten zusammen. Deshalb hielt Jonatan zu David. „Warum willst du ihn töten? Was hat er dir denn getan?", fragte er seinen Vater.
Da wurde Saul noch zorniger. Er nahm seinen Speer und warf ihn auf Jonatan. Jonatan erschrak. So wütend hatte er seinen Vater noch nie gesehen. Ohne noch etwas zu sagen, ging er weg. Jonatan war sehr traurig. Jetzt wusste er, dass David wirklich in Gefahr war. David musste fliehen. Am nächsten Tag ging Jonatan aufs Feld, wo er sich mit David verabredet hatte. David sollte sich dort verstecken. Jonatan nahm Pfeil und Bogen. Dann schoss er drei Pfeile ab. Das war das verabredete Zeichen. Wenn er zu seinem Diener sagen würde: „Die Pfeile liegen hier näher bei mir", dann hieße das, dass es keine Gefahr für David gab. Aber wenn Jonatan sagen würde: „Die Pfeile liegen weiter weg", das sollte heißen, dass David fliehen musste.
David saß in seinem Versteck hinter einem Steinhaufen. Er sah Jonatan und sah, wie Jonatan die Pfeile abschoss. Dann hörte er, wie Jonatan seinen Diener rief: „Schnell, geh und hole die Pfeile, die Pfeile liegen weiter weg." Der Diener lief los und holte die Pfeile. David aber wartete in seinem Versteck. Er hatte die Botschaft verstanden. Sie hieß: „Du bist in Gefahr, du musst fliehen." David war sehr traurig. Er würde sich von Jonatan verabschieden müssen. Seinen Freund Jonatan würde er lange nicht mehr sehen. Aber David war trotzdem nicht alleine. Er hatte ja noch einen viel größeren Freund. Gott war sein Freund, denn David glaubte an ihn und liebte ihn. Und Gott würde immer zu ihm halten und immer bei ihm sein. (...)
Der Diener hatte Jonatan die Pfeile gebracht. Jonatan schickte ihn nach Hause. Jetzt waren er und David allein auf dem Feld. David stand auf und kam zu Jonatan. Sie umarmten sich lange und weinten. Ob sie sich je wiedersehen würden? „Geh in Frieden", sagte Jonatan. „Wir werden immer Freunde bleiben, das haben wir uns geschworen. Aber versprich mir, dass, wenn du König wirst, du auch mir und meiner Familie und meinen Nachkommen nichts tust." Das wollte David gerne versprechen. Sie wollten zusammenhalten, so wie echte Freunde zusammenhalten.

Textquelle: www.derkindergottesdienst.de.
Zeichnung: Angelica Guckes

Baustein 6:
Ich und die Gruppe

Benötigte Materialien:
M 6a Zollstation (Fo)
M 6b Immer Ärger am Zoll (AB)
M 6c Jesus und die Zöllner (AB)

Hinführung:
Entwurf einer Mindmap auf einem Wandplakat zum Thema „Medien" während eines Unterrichtsgesprächs über die persönliche Mediennutzung der SuS.

Mögliche Leitfragen:
- Welche Medien kennt ihr?
- Wozu kann man die einzelnen Medien nutzen?
- Welche Vorteile bringen sie einem im täglichen Leben?

Partnerarbeit zu möglichen Nachteilen einzelner Medien, die nun auf dem Wandplakat zu sehen sind.
→ im Plenum besprechen

Überleitung zu WhatsApp über „Gruppe":
Erstellen einer Definition zum Begriff „Gruppe" (in Einzelarbeit oder gemeinsam).

Einzelarbeit:
Zu welchen Gruppen gehörst du?
→ SuS stellen ihre Gruppen vor. (*Fußballmannschaft, Relifachgruppe, Klasse, Chor, Jungschargruppe, WhatsApp-Gruppe, etc.*)

Unterrichtsgespräch zur differenzierten Wahrnehmung von Gruppen mit möglichen Leitfragen:
- Was unterscheidet diese Gruppen, was haben sie gemeinsam?
- Nutzt du in diesen Gruppen Medien, um andere Gruppenmitglieder zu kontaktieren? Welche? Wie? Zu welchem Zweck? *(Momentan wird von SuS v.a. WhatsApp mit der Möglichkeit einer „Klassengruppe"/eines „Klassenchats" verwendet.)*
- Können diese Medien auch Nachteile bringen? *(Nicht alle Eltern erlauben ihren Kindern die Verwendung von WhatsApp; viele SuS fühlen sich gestört/belästigt, durch viele für sie nicht relevante Mitteilungen oder auch gezielt gemobbt durch verbale Attacken oder Ausschluss aus der Gruppe.)*
- Könnten Regeln diese Nachteile eingrenzen?

Fragen an die Lerngruppe:
- Habt ihr eine Klassengruppe bzw. einen Klassenchat? *(Die meisten Klassen haben bereits in der Unterstufe eine Klassengruppe bei WhatsApp.)*
- Sind in eurer Gruppe bereits solche Probleme aufgetaucht? *(Oft drehen sich mögliche Probleme darum, wer aufgenommen wird und wer nicht, für was man den Chat nutzt – nur Schulisches oder auch Privates? Wo ist die Grenze? Was gehört nicht hinein? – und beleidigende oder kränkende Nachrichten an Einzelne.)*
- Hattet ihr vorher Regeln aufgestellt?

Wenn es bereits Regeln gibt, kann man diese nochmal im Rahmen der Religionsgruppe durchgehen (möglicherweise hängen sie auch im Klassenzimmer) und überprüfen, inwiefern die Einhaltung gegeben ist oder wo es möglicherweise wiederholt Regelverstöße gab.
Wenn es noch keine dezidierten Regeln gibt, es jedoch schon vereinzelt Probleme gegeben hat, kann man mit der Lerngruppe, wie im Folgenden beschrieben, an der Erstellung solcher Regeln arbeiten. Zu beachten ist, dass, wenn die Religionsgruppe nicht identisch ist mit der ganzen Klasse, diese Regeln noch im Rahmen der ganzen Klasse besprochen und kommuniziert werden müssen, z.B. in einer Klassenlehrerstunde oder im Klassenrat. Dies erfordert ggf. eine Kooperation mit dem Klassenlehrer/der Klassenlehrerin.

Erarbeitung:
4er-Gruppenarbeit auf Folie:
Wie können Regeln lauten, die einen Klassenchat/eine Klassengruppe zu dem werden lassen, was er eigentlich sein soll? *(respektvolle, friedliche Kommunikation untereinander)*
→ Die Gruppen stellen nacheinander ihre Regeln vor, wenn nötig jeweils Klärung und Diskussion.

Abschlussfrage der Lehrkraft:
- Gibt es eine Zusammenfassung all dieser Regeln? → *Goldene Regel*

Hilfs- oder Abschlussfrage:
- Warum wird die Goldene Regel „golden“ genannt?

Ergebnissicherung:
Zusammenführung aller erarbeiteten, von allen akzeptierten Regeln auf einem Plakat/Poster für den Unterrichtsraum. Bei Dopplungen wird über die treffendste Formulierung beraten und diese gewählt, ähnliche Regeln können möglicherweise zusammengefasst werden.
Die SuS, die nicht an der Erstellung des Regelposters mitwirken, können mit der Gestaltung eines weiteren Posters zur Goldenen Regel beauftragt werden.

Vertiefung:
Wenn bei den Problemen im Klassenchat das Thema „Beleidigen und Mobbing“ von der Lerngruppe bereits genannt/erfahren war, bietet sich hier eine mögliche Vertiefung hinsichtlich der „Geschichte“ dieses Problems an. Ein Blick auf die Zehn Gebote, welche den meisten SuS in Grundzügen bekannt sind, zeigt hier beim achten Gebot „Du sollst kein falsch Zeugnis reden“ genau das gleiche Problem. Oft wird dieses Gebot von den SuS zunächst nicht verstanden, weil sie von der ihnen bekannten Bedeutung des Wortes „Zeugnis“ ausgehen. Eine gemeinsame Spurensuche nach dem „Mobbingverbot“ in den Zehn Geboten kann über dieses Missverständnis dauerhaft hinweghelfen:

- Zunächst gemeinsames Sammeln von bekannten Geboten (ggf. als Hilfestellung die Formulierung „du sollst nicht …“ vorgeben).
- Dann den Text der 10 Gebote zur Verfügung stellen (Bibel oder Kursbuch Religion 1, 2015, S. 168) und die SuS in Partnerarbeit auf „Spurensuche“ nach dem „Mobbingverbot“ schicken (ggf. als Hilfestellung auf das Ausschlussverfahren hinweisen).
- Klärung, was heutzutage alles unter „falsch Zeugnis reden“ fällt.

Abschließendes Unterrichtsgespräch darüber, welchen weiteren Geboten die SuS – für das in diesem Baustein erarbeitete Zusammensein von Menschen in Gruppen – heutzutage immer noch Bedeutung zusprechen.

Dokumentation der biblischen Weisung „Die 10 Gebote" in einem Kästchen in der Mitte des **Dokumentationsblattes**.

Biblischer Bezug:
Auch zur Zeit Jesu haben die Menschen nicht immer nur die Wahrheit übereinander gesagt.
Erarbeitung eines Beispiels anhand der Berufsgruppe der Zöllner mit Hilfe eines Rollenspiels:

Hinführung:
Über das Bild einer **Zollstation (M 6a)**, S. 39, wird das Vorwissen der SuS erhoben und gemeinsam geklärt, warum es Zöllner gab, was sie taten und welches Ansehen sie hatten und warum.

Erarbeitung 1:
Gemeinsame oder individuelle Lektüre **Immer Ärger am Zoll (M 6b)**, S. 40, der Ausgangssituation und der Vorstellung der beteiligten Personen.
Klärung offener Fragen.

5-er Gruppenarbeit:
Erarbeitet gemeinsam eine kurze Szene mit dem Titel „Immer Ärger am Zoll". Spielt, wie Ephraim und Judith an Levis Zollstation kommen. Dieser fordert fünf Denare Zoll. Der Hauptmann und der Fischer Eleasar stehen in der Nähe. Überlegt euch gut, was die Beteiligten sagen, wie sie sich verhalten, wie ihr den Konflikt lösen wollt und wie eure Szene endet.

→ unkommentierte Vorführung der erarbeiteten Szenen
→ abschließendes, begründendes Unterrichtsgespräch über die konstruktivste Lösung, den Ausgang, der wohl am häufigsten zu erleben war, eine besonders kreative Lösung, einen unwahrscheinlichen Ausgang, eine schauspielerisch sehr gut gespielte Szene, etc.

Erarbeitung 2:
Jesus zeigt ein gänzlich anderes Verhalten gegenüber den Zöllnern:
Erarbeitung der Einstellung und des Verhaltens Jesu gegenüber Zöllnern mit Hilfe von **M 6c**, (S. 41).
Einzelarbeit: Die SuS lesen die beiden Geschichten, wählen sich einen Zöllner aus und erzählen die Situation aus dessen Sicht. Besonderes Augenmerk soll auf den Fragen liegen, die diese sich stellen, und auf den Gefühlen, die sie haben.
→ Vorlesen der individuellen Texte im Plenum.

Zeichnung: Angelica Guckes

M 6b Immer Ärger am Zoll

An der Zollstation im Hafen von Kapernaum herrscht große Aufregung.
Fünf Personen treffen aufeinander: Der Zöllner Levi, ein römischer Hauptmann, der Färber Ephraim, seine Frau Judith und der Fischer Eleasar

Levi ist Angestellter von Matthias. Matthias hat die Zollstelle für 10000 Denare im Jahr von Herodes gepachtet. Jener bezahlt davon den Tribut an die Römer. Alles, was Matthias über diese Summe hinaus einnimmt, gehört ihm. Levi muss als Zöllner im Dienst von Matthias jeden Tag 40 Denare abliefern. Jeder Denar mehr gehört ihm. Nach den staatlichen Gesetzen darf ein Zöllner bei Handelswaren 10% Steuern erheben, also bei zehn Denaren ein Denar. Da der Wert einer Ware aber immer erst ausgehandelt werden muss, stehen der Preis und demgemäß auch die Steuersumme nie ganz fest. Levi ist bekannt dafür, dass er die Steuern immer hochtreibt. Heute hat er erst 35 Denare eingenommen und bald ist Dienstschluss.

Der Hauptmann von Kapernaum ist römischer Offizier. Er befehligt 100 Soldaten und soll für Ruhe im Land sorgen. Vor allem soll er darauf achten, dass die Steuern bezahlt werden. Auf keinen Fall darf es einen Aufruhr geben. Der Hauptmann weiß: Im Grunde gehört alles Land, jeder Baum und jedes Schaf dem römischen Kaiser. Dieser hat alles an König Herodes und sein Volk verpachtet. Steuern sind nichts anderes als der Preis für die Benutzung des Landes. Wer nicht ordentlich Steuern bezahlt, betrügt den Kaiser in Rom. Auf Betrug steht harte Strafe. Von dem Steuereinkommen wird auch sein Sold bezahlt. Der Hauptmann ist ein guter Freund von Matthias, dem Zollpächter. Abends trinken sie gerne miteinander ein Glas Wein.

Ephraim, der Färber, und Judith, seine Frau, kommen aus Nazareth und wollen in Kapernaum farbige Stoffe verkaufen. Judith hat die Stoffe gewebt, Ephraim hat sie gefärbt. Sie haben dafür einen ganzen Monat gearbeitet und müssen die Stoffe für mindestens 20 Denare verkaufen, um für den nächsten Monat Brot, Käse, Früchte und Oliven aber auch Wolle und Farbe kaufen zu können. Ephraim und Judith wissen, dass in Kapernaum auch andere farbige Stoffe anbieten. Diese müssen als Einwohner Kapernaums keine Steuern bezahlen. Ephraim ist ein frommer Mann. Am Sabbat arbeitet er nicht, an den vorgeschriebenen Tagen fastet er. Von dem, was er verkauft, gibt er den zehnten Teil den Armen. Von Menschen, die nicht an den Gott Israels glauben, hält er Abstand. Römische Soldaten lehnt er ab, weil sie einst im Tempel das Allerheiligste betreten und den Tempelschatz geplündert haben. Zöllner sind für ihn unrein, weil sie mit den heidnischen Römern und dem fremden König Herodes zusammenarbeiten.

Eleasar, der Fischer, trocknet immer seine Netze in der Nähe der Zollstation. Er beobachtet immer ganz genau, was sich hier abspielt. Zu seinen Freunden sagt er immer: Die Zöllner machen uns arm. Sie arbeiten mit den Römern zusammen, die uns unser Land weggenommen haben. Die Römer müssen verschwinden und mit ihnen die Zöllner. Wir müssen wieder unsere eigenen Herren werden, so wie einst, als David und Salomo König waren. Jedes Mal, wenn es an der Zollstation Ärger gibt, überlegt er sich, ob er eingreifen soll …

Aus: Das Kursbuch Religion 1 (2005) Seite122. © Calwer Verlag, Stuttgart / Diesterweg, Braunschweig (verändert)

Aufgabe:

Spielt in 5er-Gruppen die Szene, wie Ephraim und Judith an Levis Zollstation kommen. Dieser fordert fünf Denare Zoll. Der Hauptmann und der Fischer Eleasar stehen in der Nähe.
Überlegt euch gut

- was die Beteiligten sagen,
- wie sie sich verhalten,
- wie ihr den Konflikt lösen wollt,
- wie eure Szene endet.

M 6c

Jesus und die Zöllner

Lukas 19,1–10: Zachäus

1 Und er ging nach Jericho hinein und zog hin-
durch. 2 Und siehe, da war ein Mann mit Namen
Zachäus, der war ein Oberer der Zöllner und war
reich. 3 Und er begehrte, Jesus zu sehen, wer er
wäre, und konnte es nicht wegen der Menge;
denn er war klein von Gestalt. 4 Und er lief vor-
aus und stieg auf einen Maulbeerfeigenbaum,
um ihn zu sehen; denn dort sollte er durchkom-
men. 5 Und als Jesus an die Stelle kam, sah er
auf und sprach zu ihm: Zachäus, steig eilend
herunter; denn ich muss heute in deinem Haus
einkehren. 6 Und er stieg eilend herunter und
nahm ihn auf mit Freuden. 7 Da sie das sahen,
murrten sie alle und sprachen: Bei einem Sünder ist er eingekehrt. 8 Zachäus aber trat herzu
und sprach zu dem Herrn: Siehe, Herr, die Hälfte
von meinem Besitz gebe ich den Armen, und
wenn ich jemanden betrogen habe, so gebe
ich es vierfach zurück. 9 Jesus aber sprach zu
ihm: Heute ist diesem Hause Heil widerfahren,
denn auch er ist ein Sohn Abrahams. 10 Denn
der Menschensohn ist gekommen, zu suchen
und selig zu machen, was verloren ist.

Markus 2,13–17: Die Berufung des Levi und das Mahl mit den Zöllnern

13 Und er ging wieder hinaus an das Meer; und
alles Volk kam zu ihm, und er lehrte sie. 14 Und
als er vorüberging, sah er Levi, den Sohn des
Alphäus, am Zoll sitzen und sprach zu ihm: Folge mir nach! Und er stand auf und folgte ihm
nach. 15 Und es begab sich, dass er zu Tisch
saß in seinem Hause, da setzten sich viele Zöllner und Sünder zu Tisch mit Jesus und seinen
Jüngern; denn es waren viele, und sie folgten
ihm nach. 16 Und als die Schriftgelehrten unter
den Pharisäern sahen, dass er mit den Sündern und Zöllnern aß, sprachen sie zu seinen
Jüngern: Mit den Zöllnern und Sündern isst er?
17 Da das Jesus hörte, sprach er zu ihnen: Nicht
die Starken bedürfen des Arztes, sondern die
Kranken. Ich bin nicht gekommen, Gerechte
zu rufen, sondern Sünder.

Baustein 7:
Ich in der Gesellschaft

Benötigte Materialien:
M 7a Von den Arbeitern im Weinberg (AB)
M 7b Das Doppelgebot (oder Dreifachgebot?) der Liebe (Fo/AB)
M 7c Der Streichholzhändler (Otto Dix) (Fo)
M 7d Der Streichholzhändler mit Denkblase (Fo/AB)
Bibeln

Hinführung:

Unterrichtsgespräch:

- Was haben die Menschen zur Zeit Jesu gegessen und getrunken? (*Wein sollte genannt werden.*)
- Was gab es wohl eher noch nicht? Warum?
- Aus was wird Wein hergestellt?

Annäherung an das Gleichnis „Von den Arbeitern im Weinberg“:

Wenn Ephraim und Judith aus Baustein 6 „Ich und die Gruppe“ bekannt sind, kann an dieser Stelle daran angeknüpft und die Geschichte als Fortsetzung vorgestellt werden.
Gemeinsames Lesen der **Geschichte (M 7a)**, S. 45.

Partnerarbeit:
Überlegt, was ihr David und Ephraim geben würdet, wenn ihr der Weinbergbesitzer wärt und was ihr erwarten würdet wenn ihr Ephraim und David wärt und erklärt, wie ihr zu eurer Einschätzung kommt → im Plenum zusammentragen.

Überleitung zum Gleichnis „Von den Arbeitern im Weinberg“:

Jesus erzählt eine ähnliche Geschichte in Form eines Gleichnisses – es heißt „Das Gleichnis von den Arbeitern im Weinberg“ und steht in Mt 20,1–16.

Erarbeitung:

Gleichnis gemeinsam in der Bibel lesen.
Unterrichtsgespräch über die Frage, welcher Lohn nun gerecht ist und warum.

Überleitungsfrage:
Was ist wohl los, nachdem jeder seinen Lohn ausbezahlt bekommen hat? (*Streit, Unverständnis, Protest, etc.*)

Mögliche Varianten der Erarbeitung:

5er- oder 3er-Gruppenarbeit (je 1 Weinbergbesitzer / je 1 oder 2 Arbeiter, die den ganzen Tag und je 1 oder 2 Arbeiter, die nur am Ende gearbeitet haben):
Überlegt gemeinsam, wie ihr die Situation nach der Lohnauszahlung szenisch darstellen könnt und übt diese kleine Szene ein → im Plenum vorspielen.

Alternative: 3er-Gruppenarbeit: (je 1 Weinbergbesitzer, 1 Arbeiter, der den ganzen Tag gearbeitet hat und 1 Arbeiter, der als letztes eingestellt wurde):
Erarbeitet Standbilder, die den Moment der Lohnauszahlung darstellen. Auf Antippen der jeweiligen Figur, muss diese in der Lage sein, auszusprechen, was ihr gerade durch den Kopf geht → im Plenum vorstellen.

Alternative: Jeder sucht sich eine Figur aus dem Gleichnis aus (entweder der Weinbergbesitzer, oder der Arbeiter, der den ganzen Tag gearbeitet hat oder der Arbeiter, der als letztes eingestellt wurde) und schreibt aus dieser Sicht die Gedanken auf, die die Person zu diesem Zeitpunkt hat (innerer Monolog) → im Plenum vorlesen.

Vertiefung:

Wurde die Textgattung „Gleichnisse" in der Lerngruppe bereits eingeführt, so kann an dieser Stelle über die Bild- und Sachebene gesprochen werden.

Hierzu können folgende Leitfragen hilfreich sein:

- Wer sind/für wen stehen die Arbeiter, die früh anfangen zu arbeiten und die, die nur wenige Stunden am Tag arbeiten? Für wen könnte der Weinbergbesitzer stehen? Warum (nicht)?
- Was meint ihr, ist der Weinbergbesitzer ein Bild für Gott? Warum? Warum nicht?
- Wenn ja, was bedeutet das für unser Gottesbild?
- Wie „denkt" Gott?
- Ist er dann ungerecht?
- Ist das Gleichnis überhaupt ein gutes Beispiel für gerechtes Handeln oder können wir in ihm eine andere, klarere Botschaft erkennen? (*Darauf abzielend, dass es um die Überlebenssicherung für jeden geht – jedem das, was er braucht – nicht um Aufrechnung von erbrachter Leistung.*)

Überleitung zum Doppelgebot der Liebe:

Nun gab es ja ziemlich viel Streit am Weinberg und unschöne Worte sind gefallen.
Die Bibel gibt uns neben den Zehn Geboten und der Goldenen Regel noch ein weiteres Gebot, wie Menschen miteinander umgehen sollen. Dieses lernen wir jetzt kennen:
Es heißt „Das Doppelgebot der Liebe" und steht in Mt 22,37–40.

Erarbeitung:

M 7b Doppelgebot der Liebe auf Folie zeigen (S. 46).
Gemeinsames Lesen und Klärung der Begriffe ist durch das Vergleichen mit anderen Übersetzungen möglich.
Gemeinsames Überlegen, ob es wirklich „nur" ein Doppelgebot ist (auf das Selbst im Gebot abzielend) → Dreifachgebot in die Überschrift auf der Folie mit aufnehmen.
Gemeinsame Reflexion über Anwendbarkeit auf z.B. Klassenregeln, Regeln zwischen Geschwistern, Regeln einer Gesellschaft.

Überleitung/Vorbereitung der angewandten Bausteine 8–14:

Unterrichtsgespräch mit möglichen Leitfragen:

- Welche Menschen kommen möglicherweise bei diesem Doppelgebot des Öfteren zu kurz?
- Welche „Nächsten" sind uns möglicherweise in unserem Alltag gar nicht so „nah"?
- Wer wird gern übersehen?
- Wer steht eher am Rand unserer Gesellschaft?

Als Hilfestellung kann die stufenweise Betrachtung des Bildes **Der Streichholzhändler (M 7c)** *von Otto Dix* dienen.
➢ Farbige Vorlagen im Anhang, Seite 81

Bildbetrachtung 1 (M 7c, oben): Der Streichholzhändler von Otto Dix mit fehlender Mitte.
Alle laufen weg! – Was könnte in der Mitte sein? Wovor laufen all diese Leute und sogar der Hund weg?

Bildbetrachtung 2 (M 7c, unten): Der Streichholzhändler von Otto Dix komplett.
Beschreibt, wovon sich die Menschen abwenden, wovor sie weglaufen?
Erklärt, warum sie eurer Meinung nach weglaufen. (*Auch abzielend darauf, dass man oft nicht weiß, wie man sich an dieser Stelle richtig verhalten soll, wie man helfen kann, worum es dann in den Bausteinen 8 bis 14 gehen wird.*)

Reflexion über Gefühle des Bettlers: Schreibt in eine **Gedankenblase M 7d** (S. 47), was dem Bettler in dieser Situation durch den Kopf geht.

Fortsetzung des Unterrichtsgesprächs:
- Was ist, wenn wir über die Grenzen der Gattung „Mensch" hinausblicken?
- Wie sieht es mit den Tieren aus?
- Wie gehen wir mit ihnen um?

Wird der Advance Organiser geführt, so können an dieser Stelle die Inhalte der „Umkreise" gesammelt und eingetragen werden (kranke, alte, arme Menschen, Menschen mit Behinderungen, Kinder, Tiere, unser Lebensraum – die Erde).

M 7a

Von den Arbeitern im Weinberg

Ephraim, der Färber, und Judith, seine Frau, die Weberin, haben keine Arbeit mehr. Durch die hohen Zölle sind ihre Stoffe zu teuer geworden. Sie können sie nicht mehr verkaufen. Jetzt wissen sie nicht mehr aus noch ein. Die Kinder brauchen Brot, Milch und Kleider.

Tag für Tag geht Ephraim auf den Marktplatz. Dort wartet er auf Arbeit. Jeden Morgen kommt der Weinbauer ins Dorf. Er sucht Arbeiter für seinen Weinberg. Für einen Tag Arbeit verdient man bei ihm einen Denar. Das ist ein guter Lohn. Er reicht, um die Familie einen Tag zu ernähren. Auch andere Männer stehen da, die Arbeit suchen. So auch David. Die Not im Dorf ist groß. Der Weinbauer ist der Einzige, der Arbeit vergibt. Heute ist wieder ein Tag, an dem Ephraim auf Arbeit wartet. Auch gestern hat er keine bekommen und auch vorgestern nicht. Judith ist schon ganz traurig und verzweifelt, manchmal schimpft sie sogar. Kein Wunder, sie hat kaum mehr was zum Kochen.

Um sechs Uhr in der Frühe kommt der Weinbauer. Er stellt zwei Leute ein. „Jeder einen Denar! Einverstanden?" Die beiden sind einverstanden. Ephraim ist nicht unter ihnen. Um neun Uhr stellt der Weinbauer wieder zwei Männer ein. „Ihr sollt bekommen, was Recht ist." Die zwei gehen. Ephraim ist wieder nicht dabei. Was soll er tun? Um zwölf und um drei Uhr am Nachmittag stellt der Weinbauer erneut zwei Leute ein. Immer noch ist Ephraim nicht dabei. Auch David hat keine Arbeit gefunden. "Wahrscheinlich sind wir zu alt", sagen sie. Ephraim denkt an seine Frau und an seine Kinder. Nun wird er auch heute wieder mit leeren Händen nach Hause kommen.

Um fünf Uhr am Abend kommt der Weinbergbesitzer noch einmal. Das war noch nie da. Mit breiten Schritten geht er auf David zu: „Warum sitzt du hier? Habt ihr keine Arbeit?", fragt er. Ephraim antwortete: „Es hat uns niemand Arbeit gegeben." David nickt. Da sagt der Weinbauer: „Geht auch ihr in meinen Weinberg!" Vom Lohn kein Wort. Die Bezahlung kann jetzt nicht mehr groß sein, das wissen die beiden. Ephraim sagt sich: Besser wenig als gar nichts.

Die Arbeit im Weinberg geht leicht von der Hand. Es ist nicht mehr so heiß, eine Stunde vor Feierabend. Am Ende des Tages gehen Ephraim und David mit den anderen sechs Arbeitern zum Verwalter des großen Weinbauern, um den Lohn in Empfang zu nehmen. Ephraim fragt leise David „Wie viel, meinst du, bekommen wir?"

Aus: Das Kursbuch Religion 1 (2005) Seite134. © Calwer Verlag, Stuttgart / Diesterweg, Braunschweig

M 7b

Das Doppelgebot (oder ?) der Liebe

(Matthäus 22,37–40)

Lutherbibel 2017:

„Du sollst den Herrn, deinen Gott, lieben von ganzem Herzen, von ganzer Seele und von ganzem Gemüt." Dies ist das höchste und erste Gebot. Das andere aber ist dem gleich: **„Du sollst deinen Nächsten lieben wie dich selbst."**

Gute Nachricht Bibel:

„Liebe den Herrn, deinen Gott, von ganzem Herzen, mit ganzem Willen und mit deinem ganzen Verstand!" Dies ist das größte und wichtigste Gebot. Aber gleich wichtig ist ein zweites: „Liebe deinen Mitmenschen wie dich selbst!"

Hoffnung für alle:

„Du sollst den Herrn, deinen Gott, lieben von ganzem Herzen, mit ganzer Hingabe und mit deinem ganzen Verstand." Das ist das erste und wichtigste Gebot. Ebenso wichtig ist aber ein zweites: „Liebe deinen Mitmenschen wie dich selbst."

M 7d

© akg-images / Erich Lessing © VG Bild-Kunst, Bonn 2018

Baustein 8:
Kranke Menschen

Benötigte Materialien:
M 8 Der Barmherzige Samariter (Van Gogh) (Fo)
Bibeln

Hinführung:
Bildbeschreibung: **Der Barmherzige Samariter (M 8)** *von Vincent van Gogh*
➢ Farbige Vorlage im Anhang, Seite 82

→ ggf. erste Hinweise der SuS auf das Gleichnis, das möglicherweise bereits vielen bekannt ist, zulassen und mit ihnen überleiten zur gemeinsamen Lektüre des Gleichnisses vom Barmherzigen Samariter in der Bibel (Lk 10,30–35).

Kreativer Umgang mit dem Gleichnis vom Barmherzigen Samariter:
Partnerarbeit: Baut jeweils mit einem Partner ein Standbild zu einem bestimmten Moment im Gleichnis. Beim Berühren der Personen müssen diese ihre momentanen Gedanken äußern können.
→ Vorstellen im Plenum, gemeinsames Erraten des dargestellten Moments mit Hilfe der abgerufenen Gedanken. Transfer in die eigene Lebenswelt: Inwiefern/in welcher Situation war für euch schon mal jemand wie ein Samariter?

Erarbeitung:
Einzelarbeit oder Partnerarbeit: Sammelt Gründe für das Verhalten der Personen: Priester und Levit vs. Samariter und haltet sie in einer Tabelle fest. → Zusammentragen und Ergänzen im Plenum.

Unterrichtsgespräch im Anschluss:
Frage abstrahiert formuliert: Was hindert Menschen daran, anderen zu helfen und was bringt sie dazu, es doch zu tun? → Ggf. Fazit formulieren und in der jeweiligen Tabellenspalte hinzufügen.

Vertiefendes Unterrichtsgespräch für leistungsstärkere Lerngruppen:
Mögliche Leitfragen:
- Inwiefern kümmern wir uns heute um kranke Menschen?
- Welche Hilfen werden ihnen zuteil?
- Wie wird dies finanziert? Wer bezahlt das?
- Wie würdet ihr die Situation in Deutschland beurteilen? Weiß jemand, wie da andere Länder im Vergleich dastehen?
- Was passiert, wenn wir uns nicht derart kümmern?
- Was bedeutet das für die Gesellschaft? Wie beurteilt ihr diese Folge?

Mögliche Exkursionen oder Gäste im Unterricht:
- Krankenhaus, Arztpraxis, Praxis für Physiotherapie
- Arzt, Krankenschwester

Baustein 9: Menschen mit Behinderungen

Benötigte Materialien:
M 9a Einraumhaus zur Zeit Jesu (Fo)
M 9b Rollenspiel (AB)
M 9c Frank (AB)
Bibeln

Hinführung 1:
SuS sitzen im Stuhlkreis.

Vorbereitungsübung:
SuS gehen in gleichgeschlechtlichen Gruppen (idealerweise 6–8 SuS pro Gruppe) zusammen. Einer steht in der Mitte, lässt sich steif wie ein Brett (Bauch-, Po- und Schultermuskeln anspannen) in eine Richtung fallen, die darumstehenden SuS stützen ihn an den Schultern bevor er umfällt und geben ihm eine neue Richtung, in die er sich fallen lässt.
→ Ziel: SuS üben die für die eigentliche Übung benötigte Körperspannung.

Erlebnispädagogische Übung:
Ein SuS liegt in der Mitte des vergrößerten Stuhlkreises am Boden, 8 Mitschüler positionieren sich an seinem Kopf, seinen Schultern, seinem Becken, unterhalb seiner Knie und an den Füßen. Sie drücken den liegenden Schüler zunächst sanft an den entsprechenden Stellen an den Boden, um ihn dann auf Kommando zügig bis über ihre Köpfe zu heben. Das Absenken geschieht langsam über die Füße, so dass der Schüler zum Stehen kommt.
Es dürfen sich so viele Schüler hochheben lassen, wie möchten, oft möchten manche am Anfang nicht, diese freuen sich, wenn sie gegen Ende nochmal gefragt werden und noch eine Möglichkeit bekommen.
→ Übung zunächst unkommentiert lassen.

Hinführung 2:
SuS sitzen im Stuhlkreis.
L gibt den Hinweis, dass sich die SuS vorstellen sollen, das Klassenzimmer sei das Haus, von dem in der kommenden Bibelgeschichte die Rede ist (ggf. Hinweis und Gespräch auf **Einraumhäuser zur Zeit Jesu** und deren Einrichtung anhand von **M 9a**, S. 52).

L liest die Wundergeschichte „Die Heilung eines Gelähmten“ aus der Bibel (Mk 2,1–12 oder Lk 5,17–26) vor.

SuS suchen sich den Platz im Klassenzimmer, den sie in Simons Haus bei der Heilung des Gelähmten eingenommen hätten, und stellen/setzen sich dort hin.

Kurzes UG an Ort und Stelle darüber, wer wo warum steht.

Zurück im Stuhlkreis: Reflexion über das frühere Leben des Gelähmten und das Handeln Jesu.

Mögliche Leitfragen:
- Überlegen wir uns, wie das Leben des Gelähmten ausgesehen hat.
- Was bedeutet es, wenn man nicht laufen konnte?
- Was konnte man alles nicht tun?
- Wofür brauchte man Hilfe?

Nach seiner Heilung stand der Gelähmte auf und hat sogar seine Liege mit rausgetragen.
- Was denkt ihr hat er die darauffolgenden Tage wohl getan?
- Was hat er möglicherweise erstmals in seinem Leben gemacht?
- Was war euer erster Gedanke nachdem die Geschichte zu Ende war?
- Was ist passiert? Was hat Jesus getan? Könnt ihr euch das vorstellen?
- Was hat Jesus damit gezeigt?

Wenn man die Hinführung 1 durchgeführt hat, kann an dieser Stelle gemeinsam mit den SuS darüber reflektiert werden, was beides miteinander zu tun hat. (*Beschwerung zu Beginn, Last, … vs. gehoben werden, getragen werden, Leichtigkeit spüren, „erhöht" sein, …*)
Mögliche Überleitung: Nun ist ja eine Lähmung, ein Nicht-Gehen-Können eine Art von Behinderung. Habt ihr selbst auch Erfahrungen mit Menschen mit Behinderungen? Kennt ihr jemanden mit einer Einschränkung?

Erarbeitung 1:
Erarbeitung und Durchführung eines Elternabend-Rollenspiels zur Integration eines behinderten Schülers in eine Regelklasse.
Mit Hilfe der **Rollenkärtchen M 9b** (S. 53) erfassen die SuS die Situation, erarbeiten die ihnen zugewiesene Rolle und bereiten sich auf einen Elternabend der Klasse vor, an dem der Schüler und sein Verhalten auf der Tagesordnung stehen.
→ Durchführung und anschließende Reflexion des Rollenspiels und dessen Ausgang.

Erarbeitung 2 (Alternative):
L berichtet über Frank mit Hilfe von **M 9c** (S. 54).
Unterrichtsgespräch mit möglichen Leitfragen:
- Wie geht es euch, was fühlt ihr, wenn ihr diese Geschichte hört?
- Warum empfinden wir so?
- Was flüstert wohl die Mutter? Warum verkriecht sie sich am Schluss?
- Um anders zu handeln braucht sie viel Kraft und Ermutigung von außen: Was könnten wir ihr sagen?
  → ggf. als schriftliche Aufgabe (z.B. Brief, eMail …) in EA geben → im Plenum vorlesen lassen
- Was bewirkt ein Gottesdienstverbot für Frank für die einzelnen Beteiligten?
- Was würde es bedeuten, wenn der Gemeinderat dies tatsächlich veranlassen würde?

Die letzten beiden Fragen können auch in eine Gruppenarbeit gegeben werden, um eine differenziertere Auseinandersetzung anzuregen.

Vertiefung für leistungsstarke Lerngruppen:
Auseinandersetzung mit der Äußerung: „Behinderte sind nicht behindert, sie werden behindert".

Hinweis: Nur wenige SuS erkennen die intendierte passive Bedeutung des „Behindertwerdens" im vorliegenden Satz. Von vielen wird ohne Klärung dessen vorab mit der futurischen Bedeutung argumentiert, welche für die Auseinandersetzung mit dieser Äußerung nicht hilfreich ist. Ggf. gilt es, dies entsprechend vorzuentlasten.

- Wenn ihr nun noch einmal an den oder die Menschen mit Behinderungen denkt, die ihr kennt oder über die wir gesprochen haben und jemand sagt euch „Behinderte sind nicht behindert, sie werden behindert", inwiefern könnt ihr dieser Aussage zustimmen?

Dies kann methodisch aufgefangen werden, indem man ein Seil auf den Boden legt und die SuS bittet, sich entlang des Seils zu positionieren (ein Ende: vollständige Zustimmung / das andere Ende: komplette Ablehnung des Satzes, alle Positionen dazwischen möglich).
→ Unterrichtsgespräch darüber, warum Zustimmung/Ablehnung (warum wer wo steht).

Mögliche Exkursionen oder Gäste im Unterricht:
- Pflegeheim, Behindertenwerkstätte
- Mitarbeiter einer Behindertenwerkstätte, Begleitperson/persönlicher Assistent eines Menschen mit Behinderung

M 9a

Einraumhaus zur Zeit Jesu

Zeichnung: Lutz-E. Müller, Leipzig

M 9b

Ein Schüler mit Behinderung in unserer Klasse!?

Situation

Zur Klasse 8b gehört Sebastian, ein Schüler mit Behinderung. Sebastian ist Spastiker. Mathematik ist sein Lieblingsfach. Obwohl er mit dem Unterrichtsstoff an sich keine Probleme hat, stört er doch immer wieder die Klasse durch die Geräusche, die er unabsichtlich verursacht. Ohne fremde Unterstützung kann er die Schule nicht besuchen. Die Eltern einiger Mitschüler sind nun der Meinung, Sebastian bringe zu viel Unruhe in die Lerngruppe und hindere die anderen am ungestörten Lernen. Er soll doch besser eine Sonderschule besuchen, finden sie. Dort kümmert man sich ja auch viel gezielter um ihn. Sebastian findet das nicht gut. Er möchte in der gewohnten Umgebung bleiben. Auch seine Eltern wehren sich: Wenn ihr Sohn auf eine Sonderschule geschickt werde, würde er in seiner intellektuellen Entwicklung benachteiligt und bekäme nicht die gleichen Chancen.

Nach: „Was ist gerecht?" in: Das Kursbuch Religion 2 (2005), Seite 80. © Calwer Verlag, Stuttgart / Diesterweg, Braunschweig

Aufgabe:

Erarbeitet ein Rollenspiel zu einem Elternabend, an dem die Klassensituation besprochen wird:

- Setzt euch mit der euch zugeteilten Rolle auseinander: Welche Wünsche, Befürchtungen, Ängste, Bedenken, Träume hat eure Person? Überlegt euch, wie sie diese im Elternabend vorbringen kann und welche Argumente und Beispiele bekräftigend wirken können.
- Überlegt euch, was für eure Person die Ideallösung wäre, was ein tragbarer Kompromiss und was absolut unmöglich ist.
- Personen mit Stellvertreter können mit diesem zusammenarbeiten.
- Bei Personengruppen (Mitschüler, Eltern) darf es durchaus unterschiedliche Meinungen geben.
- Wenn ihr weniger SuS seid, lasst jeweils den Stellvertreter weg.
- Führt nach einer kurzen Vorbereitungszeit das Rollenspiel durch und versucht, am Ende zu einer Lösung zu kommen.

Mögliche Rollen

Schulleiter/in	Stellvertretende(r) Schulleiter/in	Klassenlehrer/in	Stellvertretende(r) Klassenlehrer/in
Sebastian	Sebastians Mutter	Sebastians Vater	Sebastians Bruder/ Schwester
Klassensprecher/in	Stellvertretende(r) Klassensprecher/in	Elternsprecher/in	Stellvertretende(r) Elternsprecher/in
Mitschüler/in	Eltern		

M 9c

Frank

Als die Pfarrerin die Gemeinde zum Gottesdienst begrüßt und sagt „Wir feiern diesen Gottesdienst ..." ruft Frank laut: „... im Namen des Vaters, des Sohnes und des Heiligen Geistes". Er schaut die Pfarrerin freundlich an und wiegt den Oberkörper hin und her. Seine Mutter nimmt ihn an der Hand und flüstert ihm etwas zu.
Frank ist 16 Jahre alt. Als Kind hatte er eine Hirnhautentzündung. Seitdem ist er geistig behindert. Er geht gern in den Gottesdienst. Ihm gefällt besonders die Musik. Viele Lieder kann er laut mitsingen.
Als die Pfarrerin aus der Bibel vorliest, wie die Kriegsknechte Jesus verhöhnen und auspeitschen, springt Frank fast aus der Bank und ruft: „Das tut weh! Das tut weh!" Einige Gemeindeglieder grinsen, andere schauen zu Frank. Zwei alte Frauen zischen laut und fordern Ruhe. Ein Mann murmelt etwas wie „Depp" und „dem sollte man den Gottesdienst verbieten". Die Mutter von Frank zieht den Kopf zwischen die Schultern und sieht starr nach vorn.

Aus: Das Kursbuch Religion 2 (2005), Seite 163. © Calwer Verlag, Stuttgart / Diesterweg, Braunschweig

Aufgaben:

- Was fühlt ihr, wenn ihr diese Geschichte hört?
- Was flüstert wohl die Mutter? Warum verkriecht sie sich am Schluss?

Schreib der Mutter einen Brief, in dem du deine Sicht auf die Situation erklärst und ihr Kraft und Ermutigung zusprichst.

Was bewirkt ein Gottesdienstverbot für Frank und für die einzelnen Beteiligten?

Was würde es bedeuten, wenn der Gemeinderat dies tatsächlich veranlassen würde?

Baustein 10: Arme Menschen

Benötigte Materialien:
M 10a Arme Menschen (AB)
M 10b Tafel und Vesperkirche (AB)

Hinführung:
Gemeinsames Lesen oder Lehrererzählung der Geschichte: **Zwei Mäuse im Keller (M 10a**, S. 57)

Unterrichtsgespräch mit möglichen Leitfragen:
Beschreibt das Problem der großen Maus (*belädt sich mit zu viel*).
Benennt den Ursprung ihres Problems (*will nicht teilen, will alles für sich alleine haben*).

Überleitung zu „Kamel durchs Nadelöhr“:
Problem des „Durchkommens“ war auch schon ein Problem bei engen Stadttoren, z.B. in Jerusalem, wenn die Kamele zum Transport von Waren und Gütern zu voll beladen sind.

Erarbeitung:
Gemeinsames Lesen von Mk 19,17–27: Von Reichtum und Nachfolge (**M 10a**, S. 57)

Partnerarbeit: Vergleicht das Leben der Maus mit dem Leben des Reichen und schreibt eure Ergebnisse entsprechend in die Maus und in den Geldsack (**M 10a**).

Mögliche Leitfragen für den Vergleich:
- Wie geht es ihnen?
- Welche Vorteile haben sie?
- Was tun sie?
- Unter was leiden sie? (*Beide belasten sich mit zu viel Besitz und leiden unter den negativen Folgen.*)

Weiterführendes UG mit möglichen Leitfragen:
- Womit belasten sich Reiche heutzutage? (*Geld, Häuser, schicke Autos, teure Kleidung, Luxus, etc.*)
- Warum streben sie danach? Warum wollen sie das alles haben (*gutes Gefühl, Steigerung des Selbstwertgefühls, angeben, Selbstsucht, etc.*)
- Welche Folgen bringt das für sie mit sich? Und für andere?

Partnerarbeit oder weiter im Unterrichtsgespräch:
- Welche Möglichkeiten hätten sie, diesen negativen Folgen zu entgehen? (*aussortieren, teilen, etc.*)
- Welche Folgen haben diese Möglichkeiten jeweils? (*Vom Teilen haben mehrere etwas, man hat etwas Gutes getan.*)

Unterrichtsgespräch: Heißt das jetzt, dass alle Menschen nahezu besitzlos werden müssen?
(*Nein, der Umgang mit dem Besitz ist entscheidend.*)

Anwendung/Transfer:
3er bis 5er Gruppenarbeit:
Was heißt das jetzt konkret für uns? Wie könnte denn jeder von euch „teilen"? Was können erwachsene Menschen, also z.B. eure Eltern „teilen"?
→ auf Poster oder Folie festhalten
→ im Plenum präsentieren

Aber es gibt doch Hilfsorganisationen → den SuS bekannte Beispiele erfragen.
→ Erarbeitung der **Hilfsangebote „Tafel" und „Vesperkirche"** mit Hilfe von **M 10c** (S. 58/59) als Partnerpuzzle.

Provokation: Dann können doch die Hilfsorganisationen das Helfen übernehmen, was muss ich da noch mitmischen? (*pro: Verantwortung / contra: Gleichgültigkeit*)

Vertiefung:
Assoziationsbild zum Begriff „arm":
Alle SuS schreiben je nach Gruppengröße gleichzeitig oder paarweise ihre Assoziationen zum Begriff „arm" an die Tafel oder auf ein Poster.
→ Wahrnehmung des entstandenen Bildes und Raum für Verständnisfragen und kritische Nachfragen.

Konfrontation mit der Aussage „Wer arm ist, ist doch selbst daran schuld!" und Erarbeitung von möglichen Ursachen und Gründen für Armut:
SuS werden durch Poster an der Tafel oder Tafelanschrieb mit der Aussage „Wer arm ist, ist doch selbst daran schuld!" konfrontiert und sollen durch Positionierung entlang eines Seils auf dem Boden den Grad ihrer Zustimmung/Ablehnung ausdrücken → einzelne SuS, besonders die, die an den Extrempunkten stehen, sollten nach einer Begründung ihrer Einschätzung gefragt werden.

Durch entsprechendes Nachfragen kann an dieser Stelle dann zu einem Unterrichtsgespräch über mögliche Gründe und Ursachen für Armut übergeleitet werden. Diese Erarbeitung kann aber auch methodisch aufgefangen werden, indem SuS in Kleingruppen Sammlungen dieser Gründe und Ursachen auf Folie, Poster oder Metaplankarten notieren und diese dann im Anschluss im Plenum präsentieren.

Mögliche Exkursionen oder Gäste im Unterricht:
- Vesperkirche, Suppenküche, Tafelladen
- Mitarbeiter eines Tafelladens, Freiwillige der Vesperkirche

M 10a

Arme Menschen

Zwei Mäuse im Keller

Eines Tages gelang es zwei Mäusen durch ein offenstehendes Fenster in den Keller eines alten Bauernhauses zu gelangen. Da in diesem Haus nur noch der obere Stock von einem älteren Mann bewohnt wurde, hatten die beiden lange Zeit Ruhe im Keller und konnten sich genüsslich über die vielen Vorräte des Mannes hermachen. Irgendwann wollte die größere der beiden Mäuse jedoch die leckeren Dinge nicht länger teilen und drängte die kleinere Maus immer wieder vom Regal weg, so dass diese nur noch ab und zu winzige Happen erwischen konnte. Dennoch wusste sie, dass sie lange würde suchen müssen bis sie so ein Paradies erneut finden würde, und so harrte sie im Keller aus und begnügte sich mit den kleinen Portionen. Die andere aber fraß und fraß und wurde immer dicker und unbeweglicher – bis eines Tages der Mann in den Keller kam. Die kleine Maus erblickte ihn sofort und entschwand durch ein kleines Loch in die Freiheit, die große Maus jedoch war unglaublich langsam geworden. Gerade noch rechtzeitig erreichte sie ebenfalls einen Spalt in der Wand, doch mit ihrem dicken Bauch blieb sie einfach darin stecken. Der Mann hatte leichtes Spiel, um ihr zu zeigen dass er nicht bereit war, seine mühsam geernteten und eingekochten Vorräte mit ihr zu teilen …

Claudia Rothenberger

Markus 10,17–27: Von Reichtum und Nachfolge

17Als sich Jesus wieder auf den Weg machte, lief ein Mann auf ihn zu, fiel vor ihm auf die Knie und fragte ihn: Guter Meister, was muss ich tun, um das ewige Leben zu erben?
18Jesus antwortete: Warum nennst du mich gut? Niemand ist gut außer der eine Gott.
19Du kennst doch die Gebote: Du sollst nicht töten, du sollst nicht die Ehe brechen, du sollst nicht stehlen, du sollst nicht falsch aussagen, du sollst keinen Raub begehen; ehre deinen Vater und deine Mutter!
20Er erwiderte ihm: Meister, alle diese Gebote habe ich von Jugend an befolgt.
21Da sah ihn Jesus an, umarmte ihn und sagte: Eines fehlt dir noch: Geh, verkaufe, was du hast, gib es den Armen und du wirst einen Schatz im Himmel haben; dann komm und folge mir nach!
22Der Mann aber war betrübt, als er das hörte, und ging traurig weg; denn er hatte ein großes Vermögen.
23Da sah Jesus seine Jünger an und sagte zu ihnen: Wie schwer ist es für Menschen, die viel besitzen, in das Reich Gottes zu kommen!
24Die Jünger waren über seine Worte bestürzt. Jesus aber sagte noch einmal zu ihnen: Meine Kinder, wie schwer ist es, in das Reich Gottes zu kommen!
25Leichter geht ein Kamel durch ein Nadelöhr, als dass ein Reicher in das Reich Gottes gelangt.
26Sie aber gerieten über alle Maßen außer sich vor Schrecken und sagten zueinander: Wer kann dann noch gerettet werden?
27Jesus sah sie an und sagte: Für Menschen ist das unmöglich, aber nicht für Gott; denn für Gott ist alles möglich.

 Zeichnungen: Angelica Guckes

Tafel und Vesperkirche

Die Tafel

1) Verantwortlich für die Tafel sind ____________________

____________________.

2) Sie finanzieren sich durch ____________________

____________________.

3) Eine Tafel bietet folgende Waren an: ____________________

____________________.

Allerdings ____________________

____________________,

deshalb können sie nicht mehr in einem regulären Supermarkt verkauft werden.

4) Zur Tafel gehen kann jeder, der ____________________

____

____________________.

5) Wenn viel Andrang ist, ____________________

____________________.

6) Angebote wie die Tafel kann es nur geben, wenn ____________________

____

____________________.

Die Vesperkirche

In vielen Städten gibt es während der kalten Jahreszeit sogenannte Vesperkirchen. Sie werden von den dort ansässigen Kirchengemeinden – häufig in ökumenischer Zusammenarbeit – organisiert. Hierbei ist das Wort „Vesper“ durchaus wörtlich zu verstehen. Täglich können sich hier Menschen, die nur wenig Geld zum Leben zur Verfügung haben, in der Mittagszeit sattessen. Es gibt warme Mahlzeiten und Getränke sowie Kaffee und Kuchen. Unter den Gästen findet man vor allem arme Menschen: Wohnungslose, Drogenabhängige, Langzeitarbeitslose, Einsame … Jeder bezahlt so viel er geben kann, denn meist gibt es keinen festgelegten Preis für die Mahlzeit. Kaffee und Kuchen sind sogar oft umsonst. Dies kann aber nur durch viele Spenden (Geld, Lebensmittel, Getränke, Kuchen, Medikamente, …) und die kostenlose Mitarbeit von sogenannten „ehrenamtlichen Helfern“ ermöglicht werden. Auch gutverdienende Menschen essen gelegentlich in der Vesperkirche. Sie geben dann mehr, als das Essen eigentlich wert ist und unterstützen die Vesperkirche dadurch finanziell. Sie tragen durch ihre Anwesenheit zu einer vielfältigen Gemeinschaft bei und die Vesperkirche wird so zu einem Ort der Begegnung, an dem jeder sein darf, wie er ist. Keiner wird nach seiner Bedürftigkeit gefragt und man geht freundlich miteinander um. Wenn jemand ein Instrument mitbringt, wird gemeinsam gesungen. Wer es ruhiger mag, kann es sich aber auch zum Zeitunglesen oder Skatspielen in einer stillen Ecke gemütlich machen. Eine Vesperkirche bietet so also noch viel mehr als nur Essen und Trinken. An vielen Orten gibt es auch medizinische Versorgung für Kranke und Verletzte, kostenlose Haarschnitte, Berufsberatung für Arbeitslose und andere beratende Gespräche, meist auch eine kleine Spielecke für Kinder.

Claudia Rothenberger

Die Tafel

Die sogenannten Tafeln werden meist von eingetragenen Vereinen (e.V.) verantwortet. Sie finanzieren sich ausschließlich durch Spenden und Mitgliedsbeiträge. Freiwillige (sogenannte „ehrenamtliche") Helfer sammeln mit einem großen Transporter in Supermärkten und Restaurants noch verwertbare Lebensmittel (Obst, Gemüse, Joghurt, Wurst, ...) ein, die nicht mehr verkauft werden können, weil sie nicht mehr ganz frisch sind und ihr Mindesthaltbarkeitsdatum bald (oder auch bereits) erreicht ist. Diese Lebensmittel werden so vor der Vernichtung bewahrt und an einen zentralen Ort gebracht, wo sie sortiert und kontrolliert werden. Dort werden sie anschließend, wie in einem kleinen Supermarkt, zum Verkauf angeboten und können von Menschen erworben werden, die nicht genügend Geld haben, um sich und ihre Familie mit Lebensmitteln zu versorgen. Nach einer vorhergehenden Überprüfung, ob der Kunde auch tatsächlich bedürftig ist, bekommt er einen Berechtigungsausweis, mit dem er – abhängig von seiner Haushaltsgröße – bei der Tafel einkaufen kann. Hinter der Verkaufstheke stehen ebenfalls ehrenamtliche Mitarbeiter, die beraten, bedienen und kassieren. Die angebotenen Lebensmittel sind viel billiger als im regulären Supermarkt und oft werden ganze Gemüsepakete für einen oder zwei Euro abgegeben. Die Menschen nutzen die Tafel auch als Ort der Begegnung mit Menschen, die in einer ähnlichen Lebenssituation stecken, und unterhalten sich, während sie auf die Ausgabe der Waren warten. In großen Städten, wo der Andrang auf die Tafel sehr groß ist, muss man eine Nummer ziehen und warten bis diese aufgerufen wird. Ohne die vielen freiwilligen Helfer, die all die Arbeit ohne Bezahlung machen, könnte solch ein Angebot nicht aufrechterhalten werden.

Claudia Rothenberger

Die Vesperkirche

1) Vesperkirchen werden von ____________________ organisiert. Oft arbeitet die ____________________ mit der ____________________ Gemeinde einer Stadt zusammen.

2) Vesperkirchen heißen Vesperkirchen, weil ____________________
____________________.

3) Vesperkirchen gibt es, damit ____________________
____________________.

4) Folgende Menschen trifft man in der Vesperkirche an:
____
____________________.

5) In der Vesperkirche gibt es keine Speisekarte und die angebotenen Speisen haben auch keinen festen Preis, sondern
____
____________________.

6) In einer Vesperkirche gibt es aber noch viele weitere Angebote, z.B.: ____________________
____________________.

7) Angebote wie die Vesperkirche kann es nur geben, wenn
____________________.

Baustein 11:
Ältere Menschen

Benötigte Materialien:
M 11a Bilder von älteren Menschen (Fo)
M 11b Blick auf das Alter aus biblischer Sicht (AB)
M 11c Blick auf das Alter aus gesellschaftlicher Perspektive (AB)

Einstieg:
Bilder (M 11a) von verschiedenen alten Menschen in unterschiedlichen Situationen nacheinander zeigen.
➢ Farbige Vorlagen im Anhang, Seite 83–88

→ zunächst zu jedem Bild die SuS eigene Gedanken aufschreiben lassen
→ danach im Plenum zusammentragen/vorlesen lassen
→ ggf. über einzelne Bilder genauer sprechen und persönlichen Erinnerungen/Assoziationen der SuS Raum geben

Unterrichtsgespräch: Vergleich des Verhältnisses der SuS zu ihren Eltern und zu ihren Großeltern
(Gibt es Unterschiede? Woher rühren diese Unterschiede? Ggf. Reflexion über die Unterschiede)

Überleitung durch Unterrichtsgespräch mit möglichen Leitfragen:
- Vor welchen Problemen können ältere Menschen, also z.B. eure Großeltern möglicherweise stehen? (*Finanzielle Einbußen, weniger mobil, einsam, körperliche Einschränkungen / Schmerzen, ...*)
- Wie können wir jüngeren Menschen mit diesen Problemen umgehen?

Erarbeitung 1a:
Blick auf das Alter aus biblischer Perspektive mit Hilfe von **M 11b** (S. 62).
Erarbeitung des biblischen Menschenbildes des Alters anhand der abgedruckten Bibelstellen je nach Lerngruppe in Einzelarbeit oder Partnerarbeit oder beim gemeinsamen Lesen und darüber Sprechen.

Erarbeitung 1b:
Blick auf das Alter aus gesellschaftlicher Perspektive mit Hilfe von **M 11c** (S. 63).
Die abgedruckten „Fallbeispiele" des Umgangs mit älteren Menschen zeigen zwei gegensätzliche Sichten auf den alten Menschen. Je nach Lerngruppe können diese gemeinsam gelesen und besprochen werden, oder methodisch durch Partnerarbeit aufgefangen werden, indem die SuS die Texte vor dem Hintergrund der Leitfrage: „Welche unterschiedlichen Sichten auf den älteren Menschen werden hier jeweils deutlich?" selbstständig lesen und erarbeiten.

Vertiefung:
Unterrichtsgespräch: Vergleich des Menschenbildes des Alters in der Gesellschaft und in der Bibel.

Mögliche Leitfragen:

- Welche Unterschiede lassen sich zwischen der Sicht auf den Menschen in den biblischen Texten und den beiden Geschichten feststellen? Gibt es auch Gemeinsamkeiten?
- Welche Texte, denkt ihr, geben älteren Menschen Hoffnung und Mut? Warum?

Sicherung:
Die SuS malen unter den Überschriften „Wie die Bibel die älteren Menschen sieht“ und „Wie die Gesellschaft die älteren Menschen sieht“ Tulpen, in die sie die gesammelten Aspekte eintragen: Verantwortliche Haltungen und Aussagen in jeweils aufrecht stehende Tulpenblüten, abwertende und diskriminierende Haltungen und Aussagen in jeweils hängende, welke Tulpenblüten. Auch die Aspekte aus dem Unterrichtsgespräch über mögliche Probleme von älteren Menschen können hier Eingang finden.

Mögliche Exkursionen oder Gäste im Unterricht:

- Altenheim, Pflegedienst: z.B. musikalischen Beitrag zu deren Weihnachtsfeier leisten oder unterm Jahr ein kleines (Reli- und Musiklieder-)Konzert aufführen
- Mitarbeiter eines Altenheims oder eines Pflegedienstes, z.B. Diakonie

M 11b

Blick auf das Alter aus biblischer Sicht

Foto: Pixabay (cco)

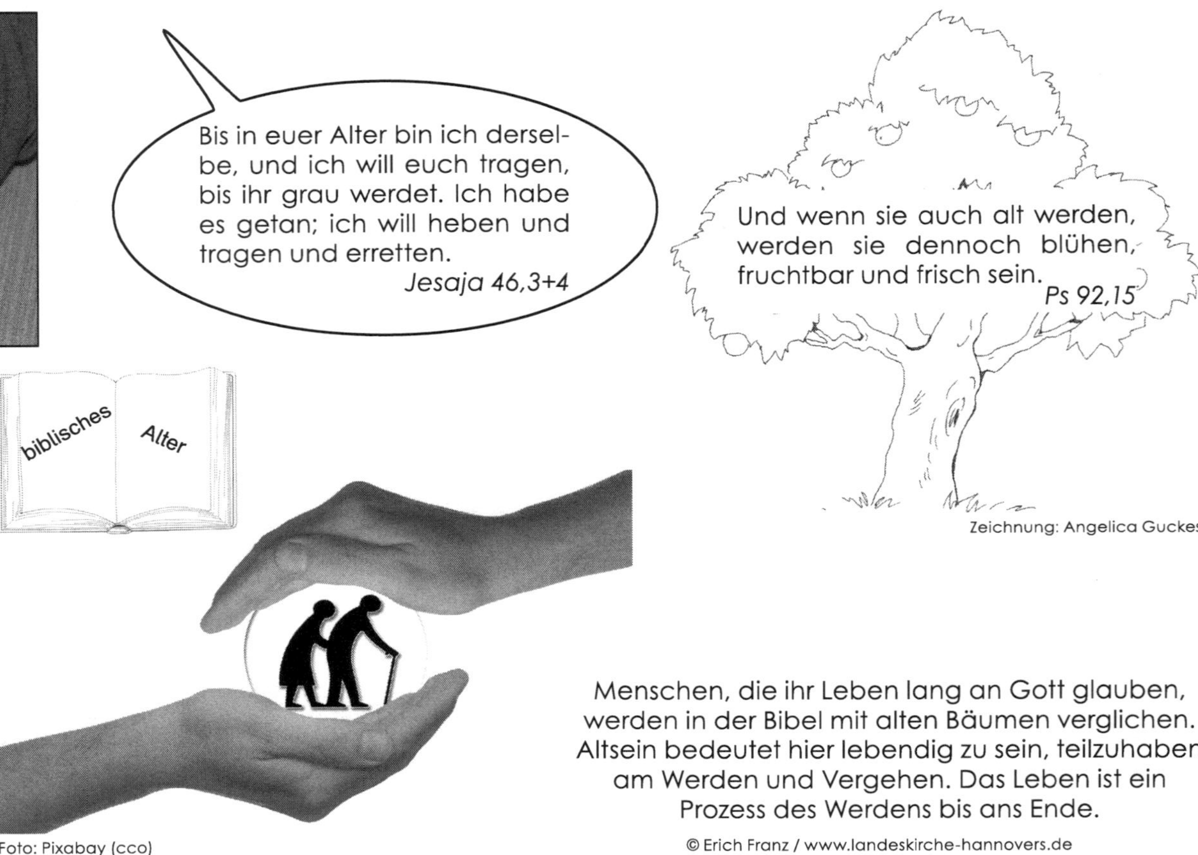

Zeichnung: Angelica Guckes

Foto: Pixabay (cco)

In der Urgeschichte, die auf den ersten Seiten der Bibel vom Anfang der Welt erzählt, ist dem Leben der Menschen kaum eine Grenze gesetzt. **Adam** wurde 960 Jahre alt. **Methusalem**, der älteste Mann der Bibel, wurde sogar 969.

Nach dieser Erzählung begrenzte Gott selbst vor der Sintflut das menschliche Leben auf 120 Jahre. **Abraham, Sarah, Isaak** und **Ismael** und die anderen Figuren der Vätergeschichte erreichten hohe Lebensalter im Rahmen dieser Spanne. Und von Mose heißt es in der Bibel: „**Mose** war 120 Jahre alt, als er starb.

In Psalm 90 wird eine Lebensspanne genannt, die am ehesten unseren Erfahrungen entspricht: „Unser Leben währet siebzig Jahre, und wenn`s hoch kommt, so wird`s achtzig Jahre …"

All diese Altersangaben prägten die Redewendung vom „biblischen Alter".

© Erich Franz / www.landeskirche-hannovers.de

Menschen, die ihr Leben lang an Gott glauben, werden in der Bibel mit alten Bäumen verglichen. Altsein bedeutet hier lebendig zu sein, teilzuhaben am Werden und Vergehen. Das Leben ist ein Prozess des Werdens bis ans Ende.

© Erich Franz / www.landeskirche-hannovers.de

In der biblischen Tradition gibt es auch zahlreiche Texte, die eindrücklich die Mühsal des Alters beschreiben. Sie drücken die Erfahrungen mit dem Alter und den Alten aus. Einige von ihnen beschreiben sehr nüchtern, wie die Sinne und Kräfte im Alter schwächer werden:

„Denk an deinen Schöpfer, solange du noch jung bist, ehe die schlechten Tage kommen und die Jahre, die dir nicht gefallen werden. Dann verdunkeln sich dir Sonne, Mond und Sterne und nach jedem Regen kommen wieder neue Wolken. Dann werden deine Arme, die dich beschützt haben, zittern und deine Beine, die dich getragen haben, werden schwach. Die Zähne fallen dir aus, einer nach dem anderen; deine Augen werden trüb und deine Ohren taub. Deine Stimme wird dünn und zittrig. Das Steigen fällt dir schwer, und bei jedem Schritt bist du in Gefahr, zu stürzen. Draußen blüht der Mandelbaum, die Heuschrecke frisst sich voll und die Kaperfrucht bricht auf; aber dich trägt man zu deiner letzten Wohnung."

Prediger 12,1–7

Bibelstellen: Gute Nachricht Bibel, revidierte Fassung, durchgesehene Ausgabe, © Deutsche Bibelgesellschaft, Stuttgart

M 11c So … oder so?

Der alte Großvater und der Enkel

Es war einmal ein steinalter Mann, dem waren die Augen trüb geworden, die Ohren taub, und die Knie zitterten ihm. Wenn er nun bei Tische saß und den Löffel kaum halten konnte, schüttete er Suppe auf das Tischtuch, und es floss ihm auch etwas wieder aus dem Mund. Sein Sohn und dessen Frau ekelten sich davor, und deswegen musste sich der alte Großvater endlich hinter den Ofen in die Ecke setzen, und sie gaben ihm sein Essen in ein irdenes Schüsselchen und noch dazu nicht einmal satt; da sah er betrübt nach dem Tisch, und die Augen wurden ihm nass. Einmal auch konnten seine zittrigen Hände das Schüsselchen nicht fest halten, es fiel zur Erde und zerbrach. Die junge Frau schalt, er sagte aber nichts und seufzte nur. Da kauften sie ihm ein hölzernes Schüsselchen für ein paar Heller, daraus musste er nun essen. Wie sie da so sitzen, so trägt der kleine Enkel von vier Jahren auf der Erde kleine Brettlein zusammen. 'Was machst du da?' fragte der Vater. 'Ich mache ein Tröglein,' antwortete das Kind, 'daraus sollen Vater und Mutter essen, wenn ich groß bin.' Da sahen sich Mann und Frau eine Weile an, fingen endlich an zu weinen, holten alsofort den alten Großvater an den Tisch und ließen ihn von nun an immer mitessen, sagten auch nichts, wenn er ein wenig verschüttete.

Jacob Grimm (1785–1863) & Wilhelm Grimm (1786–1859)

Katrin Sickert ist 49 Jahre alt und lebt seit einem Multiple-Sklerose-Schub in einem Altenheim. Durch ihren Blog „Meine Erlebnisse im Altenheim" erlaubt sie uns Einblicke in das Leben in einem solchen Heim:

Frau E. hat sich den Fuß gebrochen. Daher kam sie ins Krankenhaus. Sie war eine ganze Zeit lang dort. Jetzt sah ich sie gestern wieder unten im Speisesaal. Sie war mit ihrem Frühstück schon fast fertig, als ich zu meinem Platz rollte und an ihr vorüber kam.

„Guten Morgen, Frau E.!", sagte ich, **„Schön, dass Sie wieder hier sind!"**
„Ja!!! Ich fahr heute nach Hause!!!", verriet sie mir freudestrahlend. ☺
„Wie geht es Ihnen?", fragte ich.
„JaaaAAA…! Ich fahr heute nach Hause!!! Nach Hause!!! JAA, JAAA, JAAAA!!!", sagte sie, sooooo glücklich!
Ich überlegte: … oO („Wo wird sie wohl hinfahren? Nach Hause? Wo ist das wohl?")
„Sie fahren nach Hause?", fragte ich …
„JAAAAA!!! Ich fahr heute nach Hause!!! Nach Hause!!! Nach Hause!!! JAA, JAAA, JAAAA!!!", trompetete sie glückselig.
Ich nahm das Gespräch wieder auf: **„… Wo ist denn das? Wo ist Ihr Zuhause?"**
„Tersteegen … das Gerhard-Tersteegen-Haus!!!", sie nickte bekräftigend mit dem Kopf auf und ab.
„Da sind Sie jetzt schon. Hier ist das Gerhard-Tersteegen-Haus! Also herzlich willkommen zu Hause!", sagte ich.
„Ja. Gerhard-Tersteegen-Haus!", sie schien ganz frohgemut.
Man kann sich hier auch wirklich zu Hause fühlen! Mir geht es da nicht anders.

Baustein 12:
Kinder

Benötigte Materialien:
M 12a Christus segnet die Kinder (Fo)
M 12b Novalis und Kinder – Kinderbilder (Fo)
M 12c Wichtige Kinderrechte (Fo)
Metaplankarten
Wenn vorhanden: Das Kursbuch Religion 1 – Neuausgabe 2015 (Calwer/Diesterweg)

Einstieg:
Zitat von Novalis (*Deutscher Dichter 1772–1801*) auf Folie (**M 12a**):
„Wo Kinder sind, da ist ein goldenes Zeitalter"
➢ Farbige Vorlage im Anhang, Seite 89

Unterrichtsgespräch über dieses Zitat mit möglichen Leitfragen:
- Was ist mit „golden" gemeint? Welche anderen Wörter/Adjektive fallen euch ein, mit denen man „golden" ersetzen könnte?
- Was denkt ihr, woran genau dachte der Dichter, als er diese Zeile verfasst hat? Was genau ist das „goldene"?

Überleitung:
Wir werden dieses Zitat mit Jesu Haltung gegenüber Kindern vergleichen und überprüfen, inwieweit dieses Zitat heute auch noch tragfähig ist.

Erarbeitung 1:
Gemeinsames ...
... Ansehen des **Bildes „Christus segnet die Kinder"** *von Lucas Cranach* (**M 12a**) (ggf. zunächst ohne Kenntnis des Titels). Farbige Vorlage im Anhang, Seite 89
... Lesen von **Mk 10,13–16** (**M 12a**) → kurzes Unterrichtsgespräch über Jesu Haltung gegenüber Kindern.
... Ansehen der **Kinderbilder** (**M 12b**) und Überprüfen der einzelnen Bilder hin auf das „Goldene" im Zeitalter.
➢ Farbige Vorlagen im Anhang, Seite 90–92

Auswertung 1:
Unterrichtsgespräch zur Gesamtschau und Urteilsbildung: Beurteilt, inwieweit dieses Zitat „recht hat" und inwiefern heute Kinder im Sinne Jesu behandelt werden.

Erarbeitung 2:
Partnerarbeit („Murmelrunde"): Besprecht mit eurem Nachbarn die Fragen, die ich euch gleich stellen werde. Besprecht auch die Gründe für eure Antwort (den SuS nach jeder Frage ausreichend Zeit geben).
1. Müssen Kinder alles tun, was die Eltern sagen?
2. Müssen Kinder alles tun, was ihre älteren Geschwister sagen?
3. Müssen Kinder alles tun, was der Nachbar sagt?
4. Müssen Kinder alles tun, was ihre Lehrer sagen?

Zusammentragen der Antworten und Begründungen im Plenum mit dem Ziel, dass es verschiedene Ebenen von Regeln gibt und Kinder auch bestimmte Rechte haben.

Gruppenarbeit: Trefft euch zu einem „Kinderrechtsgipfel" und sammelt gemeinsam Rechte, die Kinder in euren Augen haben müssen. Haltet diese einzeln auf Metaplankarten fest.
→ Präsentation und anschließende Gruppierung der erarbeiteten Kinderrechte im Plenum an der Tafel.

Überleitung:
Es gibt tatsächlich die sogenannte UN-Kinderrechtskonvention, die die Rechte für Kinder zusammengestellt hat:

Kinderrechte (M 12c, S. 66) oder im Kursbuch Religion 1, 2015, S. 185 zeigen und gemeinsam durchlesen.
Unterrichtsgespräch: Vergleich mit den selbsterarbeiteten Kinderrechten hinsichtlich Übereinstimmungen, Widersprüchen, Erweiterungen, etc.

Anwendung 1:
Erneuter Blick auf die **Kinderbilder** (**M 12b**, S. 90–92) und UG darüber, welche Rechte manche dieser Bilder beinhalten und gegen welche Rechte manche auch verstoßen und Zuspitzung durch die Aufforderung an die SuS, begründet Stellung zu beziehen, welches der Kinderrechte ihnen jeweils persönlich besonders wichtig ist.

Anwendung 2:
Gabriel Martins Geschichte (M 12c, S. 66) oder im Kursbuch Religion 1, 2015, S. 185 (evtl. gemeinsam) lesen.

Einzelarbeit/Partnerarbeit: Die SuS untersuchen, welche Kinderrechte für Gabriel nicht gelten
→ Zusammentragen im Plenum.
Unterrichtsgespräch darüber, warum Gabriel für andere Kinder ein Vorbild sein kann?

Mögliche Exkursionen oder Gäste im Unterricht:
- SoS-Kinderdorf, Kinderheim, örtliches Jugendbüro
- Mitarbeiter eines SoS-Kinderdorfs oder eines anderen Kinderheims

M 12c

Gabriel Martins aus Rio: Kindern Hoffnung und Zukunft geben

Zeichnung: Angelica Guckes

Gabriel Martins ist 13 und lebt in Cerro Corá, einer der Favelas* von Rio de Janeiro (Brasilien). Dort fehlt es an allem, auch an Schulen und Freizeiteinrichtungen. Gabriel hatte als Findelkind einen schlechten Start ins Leben. Er wurde adoptiert und lebt mit seinen fünf Stiefgeschwistern in einer einfachen Hütte. Gabriel hätte sich wie viele andere einer der Straßenbanden anschließen können, aber er hat sich entschlossen, dies nicht zu tun. Er hat sich gegen ein Leben voller Gewalt und Drogen entschieden.

Jeden Nachmittag nach der Schule geht er ins Zentrum von SERUA**. SERUA holt Heranwachsende von der Straße und macht sie stark. Gabriel ist der Kapitän eines Fußballteams von SERUA. Er feuert seine Mitspieler an und übernimmt Verantwortung für seine Mannschaftskameraden. Doch bevor das Spiel beginnen kann, muss Gabriel den kleinen Fußballplatz fegen. Er ist voller Flaschen, die Jugendliche von ihrer nächtlichen Party zurückgelassen haben. Sein Einsatz zieht andere Jungen mit. Gabriel möchte aus seinem Leben etwas machen, deshalb lernt er auch in einem Informatikkurs mit dem Computer umzugehen. SERUA und deren Freizeit- und Bildungsangebote sind ein Glück für Gabriel, das er mit beiden Händen ergriffen hat.

***Favelas** sind Elendsviertel in Südamerika. In Cerro Corá, einer der Favelas in Rio de Janeiro, die unterhalb der berühmten Christusstatue liegt, leben 6000 Menschen in baufälligen Hütten auf engstem Raum.*

****SERUA** ist eine Einrichtung für Kinder und Jugendliche aus den Elendsvierteln von Rio de Janeiro. Sie wird von der evangelischen Hilfsorganisation „Brot für die Welt" unterstützt.*

10 wichtige Kinderrechte – kurz gefasst

1. Kein Kind darf benachteiligt werden.
2. Kinder haben das Recht, bei allen Fragen, die sie betreffen, mitzubestimmen.
3. Kinder haben das Recht darauf, dass ihre Würde geachtet wird.
4. Kinder haben das Recht, wichtige Informationen zu erhalten.
5. Kinder haben das Recht auf Schutz vor Gewalt.
6. Kinder haben das Recht, im Krieg und auf der Flucht besonders geschützt zu werden.
7. Kinder mit Behinderungen haben das Recht auf besondere Fürsorge und Förderung.
8. Kinder haben das Recht, gesund zu leben.
9. Kinder haben das Recht, zu lernen und bei der Entfaltung ihrer Fähigkeiten unterstützt zu werden.
10. Kinder haben das Recht, zu spielen, sich zu erholen und künstlerisch tätig zu sein.

Baustein 13:
Tiere

Benötigte Materialien:
M 13a Ausgesetzt (Fo)
M 13b Tiere in der Bibel (AB)
Wenn vorhanden: Das Kursbuch Religion 1 – Neuausgabe 2015 (Calwer/Diesterweg)

Einstieg:
SuS erzählen von eigenen Haustieren.
Mögliche Leitfragen, anhand derer die SuS erzählen können:
- Um was für ein Tier handelt es sich?
- Wie heißt es?
- Wie alt ist es?
- Seit wann hast du es?
- Woher hast du es?
- Was machst/unternimmst du mit ihm?
- Welche weniger schönen Momente im Leben eines Tierhalters gibt es?

Erarbeitung 1:
Die Geschichte **„Ausgesetzt“ (M 13a**, S. 69) oder im Kursbuch Religion, 2015, S. 165 gemeinsam lesen.
Partnerarbeit: Findet Gründe, warum Rocky ausgesetzt wurde und überlegt, wie die Geschichte zu Ende gehen könnte → Besprechung im Plenum oder Präsentation durch SuS.

Erarbeitung 2:
Die Anschaffung eines Tieres will gut überlegt sein, damit es anderen Tieren nicht genauso geht wie Rocky. Überlegt euch Regeln, die man für sich aufstellen sollte, bevor man ein Haustier bei sich aufnimmt und notiert diese auf einem Plakat → Präsentation und Vorstellung des Plakats im Plenum.

Überleitung:
Nun gibt es nicht nur Tiere, die wir zu unserer Freude als Haustiere halten, sondern auch Tiere, von denen wir einen ganz speziellen Nutzen haben, sogenannte „Nutztiere“.

Hinführung:
Welche Nutztiere kennen wir, und was genau ist ihr Nutzen für den Menschen?
- *Kuh: Milch, Fleisch, Leder*
- *Schwein: Fleisch*
- *Schaf: Wolle, Milch, Fleisch*
- *Ziege: Milch, Fleisch*
- *Huhn: Eier, Fleisch*
- *Fisch: Fleisch*
- *Esel, Kamel: Lasttier*

Erarbeitung 1:
Wenn man im Supermarkt vor dem Regal mit den Eiern steht, hat man eine große Auswahl – wer hat da schon einmal aufgepasst? Welche Arten von Eiern bekommt man angeboten?
Bio-Freiland-Eier
Freiland-Eier
Bodenhaltung
Käfighaltung
Worin unterscheiden sie sich? → *Haltungs- und Fütterungsart der Hühner, Preis.*

Partnerarbeit:
Erarbeitet einen Dialog/ein kleines Rollenspiel zwischen zwei Personen im Supermarkt, die sich kennen und zufällig vor dem Eierregal treffen. Die eine Person will gerade zu den Eiern aus Bodenhaltung greifen, da spricht die andere sie an, denn genau dies will sie verhindern. Überlegt euch jeweils ein individuelles Ende dieses Gesprächs.
→ Vorspielen der Rollenspiele im Plenum.

Erarbeitung 2:
Erarbeitung der Sicht der Bibel auf die Tiere.
Einzelarbeit: Die SuS erarbeiten mit Hilfe vom **Arbeitsblatt M 13b**, (S. 70) die Sicht der Bibel auf die Tiere heraus und zeichnen das fehlende Tier (*Fisch*).
Unterrichtsgespräch darüber, was wir aus diesen Bibelstellen für uns mitnehmen können hinsichtlich unseres Umgangs mit Haus- und Nutztieren.
Dies kann auch in Einzel- oder Partnerarbeit geschehen, indem die SuS „Do's und Don'ts"-Listen erstellen mit konkreten Handlungen gegenüber Tieren, die biblisch gesehen angemessen bzw. verboten sind.

Mögliche Exkursionen oder Gäste im Unterricht:
- Tierheim, Gnadenbrothof, örtlicher Kleintierzüchterverein
- Mitarbeiter eines Tierheims oder Gnadenbrothofes, Jäger, Förster

M 13a Ausgesetzt

Ferienzeit – endlich war es so weit. Wir fuhren in die wohlverdienten Sommerferien. Noch bei Dunkelheit waren wir losgefahren, um ja nicht in den Stau zu geraten. Nach dreieinhalb Stunden bog Vater dann endlich in die Einfahrt einer Autobahnraststätte ein. Wir tranken Kaffee, aßen unsere Brote und machten ein wenig Gymnastik. Der Parkplatz war schon überfüllt. Die Warteschlange vor der Imbissbude wurde immer länger. Die Mülleimer quollen über. Und an solch einem Mülleimer stand er.

Zuerst fiel er mir gar nicht auf, denn Hunde gab es einige hier auf dem Rastplatz. Doch die Autos in den Parklücken vor dem Müllbehälter fuhren wieder weg, es kamen neue Autos. Er stand aber noch immer da. Irgendwie ging ich zu ihm hin. Gleich sprang er an mir hoch und versuchte mich abzulecken. Er war noch recht jung – ein kleiner Terrier. Und niedlich war er – zum Knuddeln. Aber wo waren seine Besitzer? Schließlich waren auch Mama und Papa und meine Schwester Lisa neugierig geworden. „Schau mal, er trägt an seinem Halsband eine kleine Marke", rief Lisa. Und so erfuhren wir, dass der Kleine Rocky hieß; mehr stand nicht auf der Marke. Wir banden ihn los und marschierten mit ihm hinüber zum Restaurant, um nach seinem Besitzer Ausschau zu halten. Überall fragten wir, ob der kleine Hund jemandem gehöre.

Zeichnung: Angelica Guckes

Langsam wurde es uns zur Gewissheit: Rocky war auf dem Rastplatz zurückgelassen worden. Wie hatte es Rockys Herrchen nur übers Herz bringen können, seinen Hund mutterseelenallein auf dem Rastplatz auszusetzen? Rocky hatte Durst und Hunger. Gierig schlabberte er das Wasser in sich hinein; dann stürzte er sich auf die Scheibe Brot mit Wurst, die wir ihm hinhielten. Schwanzwedelnd schaute uns der kleine Terrier mit großen Augen an. Aus unserer kurzen Rast waren mittlerweile zwei Stunden geworden. Was aber sollten wir nun mit unserem Findling anfangen?

Aus: Das Kursbuch Religion 1 (2015), S. 165. © Calwer Verlag, Stuttgart / Diesterweg, Braunschweig

Aufgabe:
Findet Gründe, warum Rocky ausgesetzt wurde und überlegt, wie die Geschichte zu Ende gehen könnte.

M 13b Tiere in der Bibel

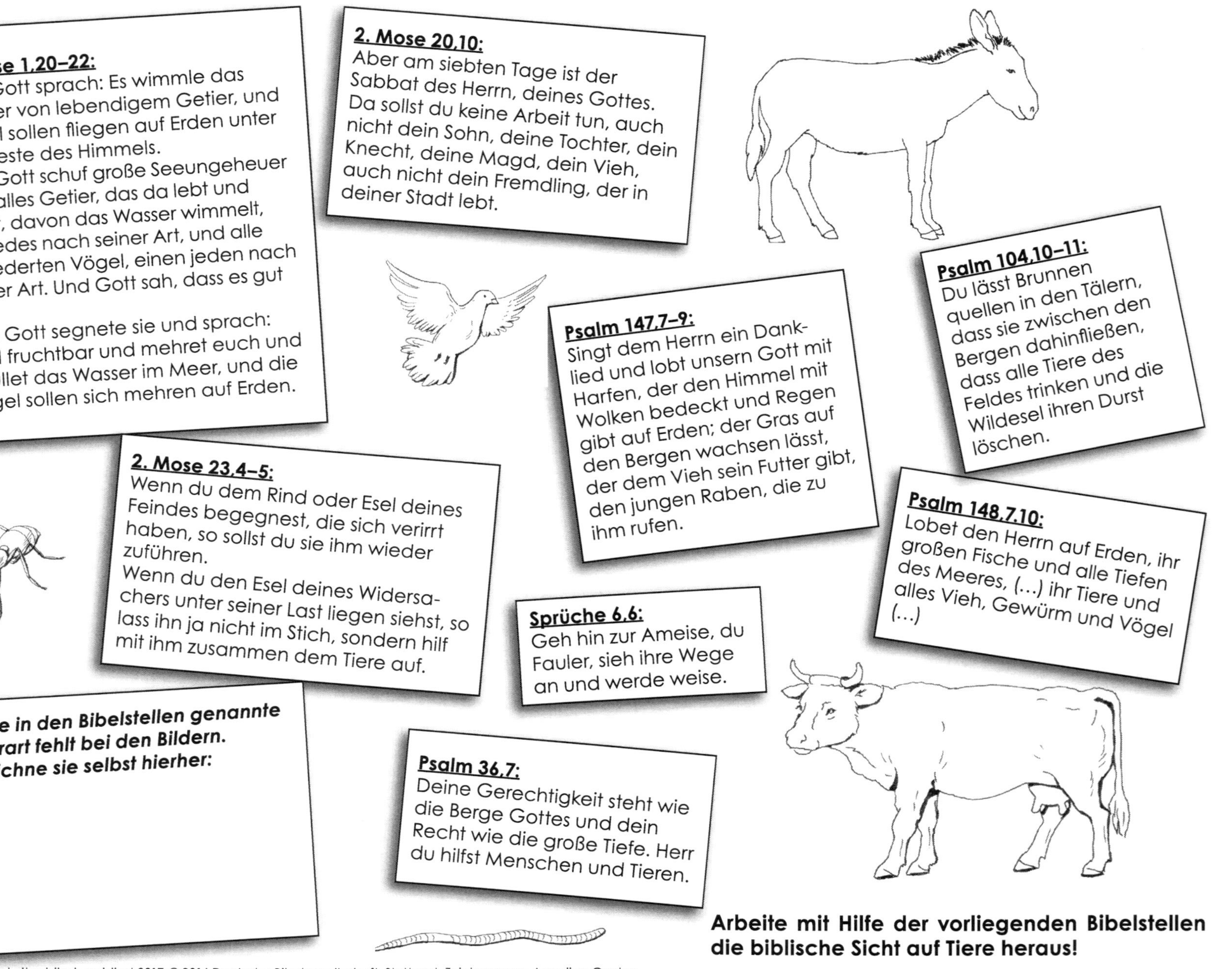

1. Mose 1,20–22:
Und Gott sprach: Es wimmle das Wasser von lebendigem Getier, und Vögel sollen fliegen auf Erden unter der Feste des Himmels.
Und Gott schuf große Seeungeheuer und alles Getier, das da lebt und webt, davon das Wasser wimmelt, ein jedes nach seiner Art, und alle gefiederten Vögel, einen jeden nach seiner Art. Und Gott sah, dass es gut war.
Und Gott segnete sie und sprach: Seid fruchtbar und mehret euch und erfüllet das Wasser im Meer, und die Vögel sollen sich mehren auf Erden.

2. Mose 20,10:
Aber am siebten Tage ist der Sabbat des Herrn, deines Gottes. Da sollst du keine Arbeit tun, auch nicht dein Sohn, deine Tochter, dein Knecht, deine Magd, dein Vieh, auch nicht dein Fremdling, der in deiner Stadt lebt.

Psalm 104,10–11:
Du lässt Brunnen quellen in den Tälern, dass sie zwischen den Bergen dahinfließen, dass alle Tiere des Feldes trinken und die Wildesel ihren Durst löschen.

Psalm 147,7–9:
Singt dem Herrn ein Danklied und lobt unsern Gott mit Harfen, der den Himmel mit Wolken bedeckt und Regen gibt auf Erden; der Gras auf den Bergen wachsen lässt, der dem Vieh sein Futter gibt, den jungen Raben, die zu ihm rufen.

2. Mose 23,4–5:
Wenn du dem Rind oder Esel deines Feindes begegnest, die sich verirrt haben, so sollst du sie ihm wieder zuführen.
Wenn du den Esel deines Widersachers unter seiner Last liegen siehst, so lass ihn ja nicht im Stich, sondern hilf mit ihm zusammen dem Tiere auf.

Psalm 148,7.10:
Lobet den Herrn auf Erden, ihr großen Fische und alle Tiefen des Meeres, (…) ihr Tiere und alles Vieh, Gewürm und Vögel (…)

Sprüche 6,6:
Geh hin zur Ameise, du Fauler, sieh ihre Wege an und werde weise.

Eine in den Bibelstellen genannte Tierart fehlt bei den Bildern. Zeichne sie selbst hierher:

Psalm 36,7:
Deine Gerechtigkeit steht wie die Berge Gottes und dein Recht wie die große Tiefe. Herr du hilfst Menschen und Tieren.

Arbeite mit Hilfe der vorliegenden Bibelstellen die biblische Sicht auf Tiere heraus!

Baustein 14:
Unser Lebensraum – die Erde

Benötigte Materialien:
M 14a Die Erde als Apfel (Fo)
M 14b Unsere Energiequellen (AB/Fo)

Einstieg:
Zweiphasige Bildbetrachtung: **„Die Erde als Apfel" (M 14a)**.
➢ Farbige Vorlage im Anhang, Seite 93

1. Phase:
Die SuS sehen nur die Erde in Apfelbutzenform (**M14a/oben**) → Unterrichtsgespräch
Mögliche Leitfragen:
- Beschreibt, was auf dem Bild zu sehen ist. (*Erde in Form eines Apfelbutzens*)
- Was ist das Besondere an dieser Erdkugel? (*Nicht mehr rund, Form eines Apfelbutzens, jemand hat schon was weggebissen*)
- Auf was deutet diese Form hin? (*Es fehlt schon ein beachtlicher Teil*)
- Warum hat der Zeichner möglicherweise diese Form gewählt? (*Will zeigen, dass nicht mehr alles „rund" ist wie am Anfang / dass die Erde bereits Schaden genommen hat*)

2. Phase:
Die SuS sehen das gesamte Bild mit den beiden Sprechblasen (**M 14a/unten**) → Unterrichtsgespräch
Mögliche Leitfragen:
- Was ist mit „Geschenken" gemeint? (*Erde als Geschenk für den Menschen*)
- Von wem kommen jeweils die Äußerungen? (*„Geht man so mit Geschenken um?" → Erde, Gott (?) / „Nerv nicht!" → Die Menschen*)
- Was genau meint der Mensch mit „Nerv nicht!"? (*wiederholte Bewusstmachung der Verfehlung des Herrschaftsauftrags, wenn der „Bewahrungsaspekt" zu kurz kommt – ggf. kann hier auch schon die Bibelstelle **1. Mose 2,15** eingeführt und besprochen werden [**M 14a**], falls die SuS sich schwertun*)
- Was wollte der Zeichner uns vor Augen führen? (*Nicht immer gehen wir verantwortungsvoll mit unserer Umwelt um, was zur Folge hat, dass wir unseren Lebensraum nach und nach immer mehr zerstören*)
- Was könnte eine mögliche Botschaft sein? (*Er möchte mit seiner Zeichnung deutlich machen, dass die Menschen hier gegensteuern sollten*)

Überleitung im Unterrichtsgespräch:
Könnt ihr Bereiche unseres Lebens benennen, in denen der Zeichner Recht hat? Wo wir eher nachlässig mit unserem Lebensraum umgehen?
- *Wir trennen zwar Müll und recyceln einen großen Teil, jedoch könnten wir noch viel mehr Müll vermeiden.*
- *Wir weisen zwar Naturschutzgebiete aus und nehmen auf bedrohte Tier- und Pflanzenarten Rücksicht, jedoch kommt es immer wieder zu schweren Umweltkatastrophen durch Öl und andere Giftstoffe in Flüssen und Meeren.*
- *Wir verbrauchen viel Energie, obwohl wir wissen, dass manche Energiequellen endlich sind* › *Für die Weiterarbeit mit **M 14b** sollte dieser letzte Punkt in Ansätzen genannt werden, ggf. durch die Hilfsfrage „Wo kommt eigentlich der Strom, den wir aus unseren Steckdosen ziehen, ursprünglich her?"*

Erarbeitung und Auswertung 1:

Die SuS erarbeiten sich in Einzel- oder Partnerarbeit die auf dem **Arbeitsblatt M 14b** (S. 73) verzeichneten Energiequellen, indem sie die Bezeichnungen den Bildern zuordnen und diese in das entsprechende äußere Kreisstück eintragen, sowie indem sie mit Hilfe der Infokästen beurteilen, ob es sich jeweils um eine endliche oder regenerative Energiereserve handelt. Dies markieren die SuS durch Ausmalen des äußeren Kreisteils in unterschiedlichen Farben, z.B. in der gleichen Farbe wie das Infokästchen.

→ Besprechung im Plenum, z.B. mit Hilfe einer Kopie von **M 14b** auf Folie, die dann sukzessive ausgefüllt wird.

Transfer:

Wenn Baustein 3 (Mensch als Ebenbild Gottes mit Herrschaftsauftrag) unterrichtet wurde, kann überleitend darauf Bezug genommen werden.

Gemeinsames Lesen der Bibelstelle 1. Mose 2,15 entweder auf der Folie **M 14a** oder in der Bibel

→ Unterrichtsgespräch (ggf. vorbereitet durch kleine Murmelrunde mit einem Partner) über den Aspekt des Bewahrens der Schöpfung (ggf. zunächst allgemein, um alle SuS mitzunehmen, und dann im übertragenen Sinn auf die Energieformen.

Mögliche Leitfragen:

- Welche Energiequellen sind „erd-/schöpfungsbewahrende“ Energielieferanten? Warum?
- Welche sollten wir, im Blick auf unseren Auftrag des Bewahrens, langsam aber sicher abschaffen? Warum?

Mögliche Exkursionen oder Gäste im Unterricht:

- Wald, Ortsgruppe eines Naturschutzbundes
- Jäger, Förster, Mitglied eines Naturschutzbundes

M 14b

Unsere Energiequellen

Ordne die Bezeichnungen der Energiequellen den Bildern zu:

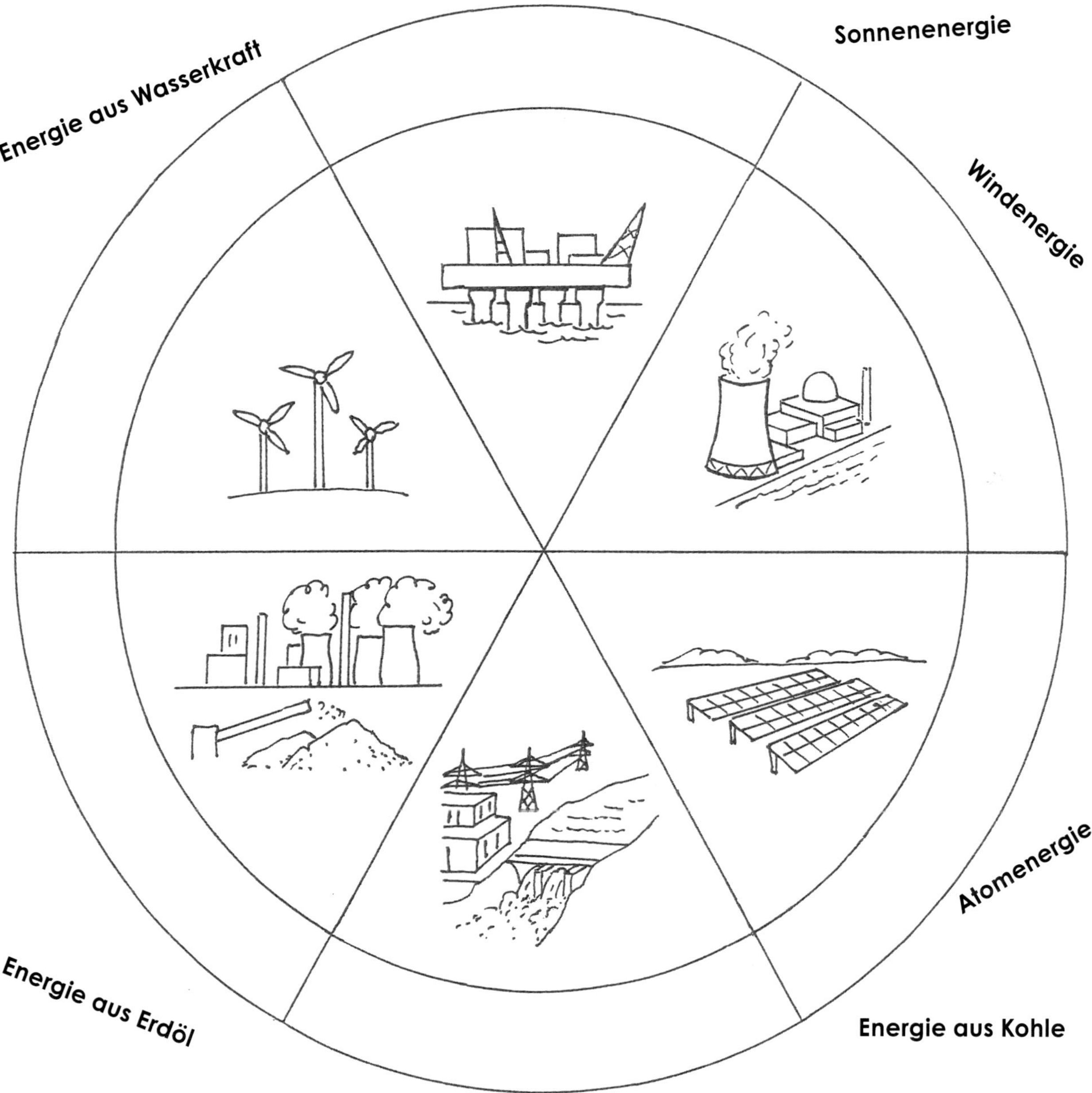

Fossile Energien sind endliche Energiequellen, die nicht von selbst „nachwachsen“ und somit irgendwann aufgebraucht, d.h. leer sind. Da wir nun schon sehr lange auf diese Art von Energiequellen zurückgreifen, nennt man diese auch „konventionelle“ Energien.	Regenerative, d.h. erneuerbare Energien stammen aus Quellen, die quasi unendlich sind, solange die Erde besteht. Man kann diese Energiequellen dauerhaft anzapfen, ohne dass man der Erde etwas „wegnimmt“. Sie sind „nachhaltig“ und man nennt sie auch „alternative“ Energien.	Atomenergie: In Atomkraftwerken gewinnt man durch Spaltung von Atomkernen Energie. Dies kann im Falle eines Unfalls im Kraftwerk für uns Menschen sehr gefährlich werden, weil die dort entstehende Strahlung äußerst gesundheitsschädlich für uns und die Umwelt ist.

Zeichnungen: Angelica Guckes / Text: Claudia Rothenberger

M 0d

Dokumentationsblatt (Schülerbeispiel)

Zeichnung: Louisa Buckel

M 1a

Was macht mich einzigartig?

M 1d

M 1e Schutzengel und Mädchen

© Schutzengel und Mädchen, Beate Heinen, 1984, ars liturgica Klosterverlag MARIA LAACH, Nr. 5413

M 2a

© akg-images

© akg-images

M 5a

Landschaft mit drei Mädchen

August Macke, Landschaft mit drei Mädchen © akg-images

M 5d

Freundschaft

Markus Bormann / stock.adobe.com

Robert Kneschke / stock.adobe.com

M 7c

© akg-images / Erich Lessing © VG Bild-Kunst, Bonn 2018

© akg-images / Erich Lessing © VG Bild-Kunst, Bonn 2018

M 11a

© CREATISTA / shutterstock.com

© gualtiero boffi / shutterstock.com

M 11a

© ABO PHOTOGRAPHY / shutterstock.com

pixabay (cco)

M 11a

© Ruslan Guzov / shutterstock.com

© Diego Cervo / shutterstock.com

© Jean Kobben / stock.adobe.com

© Budimir Jevtic / stock.adobe.com

M 11a

© De Visu / shutterstock.com

© Alexander Raths / shutterstock.com

© Ruslan Guzov / shutterstock.com

© Ana Blazic Pavlovic / shutterstock.com

M 12a

Christus segnet die Kinder

„Wo Kinder sind, da ist ein goldenes Zeitalter"

Zitat von Novalis (Deutscher Dichter 1772–1801)

Lucas Cranach der Ältere (1538): Christus segnet die Kinder. © akg-images

Die Segnung der Kinder (Markus 10,13–16)

13 Und sie brachten Kinder zu ihm, damit er sie anrühre. Die Jünger aber fuhren sie an.
14 Als es aber Jesus sah, wurde er unwillig und sprach zu ihnen: **Lasset die Kinder zu
mir kommen und wehret ihnen nicht, denn solchen gehört das Reich Gottes.** 15 Wahr-
lich, ich sage euch: Wer das Reich Gottes nicht empfängt wie ein Kind, der wird nicht
hineinkommen. 16 Und er herzte sie und legte die Hände auf sie und segnete sie.

M 12b

Foto: Rudolf Klem, Stuttgart

© Wavebreake Media Micro / stock.adobe.com

M 12b

© image BROKER / Alamy Stock Foto

© Monkey Business Images / shutterstock.com

© pololia / stock.adobe.com

© Travel Stock / shutterstock.com

M 14a

Die Erde als Apfel

1. Mose 2,15:
Und Gott der Herr nahm den Menschen und setzte ihn in den Garten Eden, dass er ihn bebaute und bewahrte.

Literatur- und Abbildungsverzeichnis

Texte:

Seite 23, 41, 46, 70, 89, 93: Lutherbibel, revidiert 2017, © Deutsche Bibelgesellschaft Stuttgart

Seite 23, 46, 62: Gute Nachricht Bibel, revidierte Fassung, durchgesehene Ausgabe, © Deutsche Bibelgesellschaft, Stuttgart

Seite 23, 46: Bibelstelle aus der Übersetzung „Hoffnung für alle" © 1983, 1996, 2002, 2015 by Biblica, Inc. Verwendet mit freundlicher Genehmigung des Herausgebers Fontis

Seite 25, 66, 69: Aus: Das Kursbuch Religion 1 (2015). © Calwer Verlag, Stuttgart / Diesterweg, Braunschweig

Seite 32, 57: Geschichte nacherzählt von Claudia Rothenberger, Crailsheim

Seite 34/35: Abdruck mit freundlicher Genehmigung von www.derkindergottesdienst.de

Seite 40, 45, 53, 54: Aus: Das Kursbuch Religion 1 (2005). © Calwer Verlag, Stuttgart / Diesterweg, Braunschweig

Seite 57: Einheitsübersetzung 2016. © Deutsche Bibelgesellschaft, Stuttgart

Seite 58/59, 73: Claudia Rothenberger, Crailsheim

Seite 62: © Erich Franz / www.landeskirche-hannovers.de

Seite 63: Abdruck mit freundlicher Genehmigung von © Katrin Sickert. www.musikhai.com

Abbildungen:

Seite 4: Tropfen auf den heißen Stein: © Rudolf Klem, Stuttgart; Stechmücke: Pixabay.com (cco)

Seite 12, 13, 14, 75, 76, 77: © Schutzengel und Mädchen, Beate Heinen, 1984, ars liturgica Klosterverlag MARIA LAACH; Nr. 5413

Seite 15, 17, 19, 25, 33, 34, 39, 41, 57, 62, 66, 69, 70, 73: Zeichnungen von Angelica Guckes

Seite 16, 17, 78: Michelangelo Buonarroti „Die Erschaffung Adams" © AKG-images

Seite 27, 30, 79: August Macke „Landschaft mit drei Mädchen" © AKG-images

Seite 28, 80: Markus Bormann/stock.adobe.com (oben); Robert Kneschke/stock.adobe.com (unten)

Seite 29: Fotos von Karin Klem, Stuttgart

Seite 44, 47, 81: Otto Dix „Der Streichholzhändler I, 1920" © akg-images/Erich Lessing / © VG Bild-Kunst, Bonn 2018

Seite 48, 82: Vincent van Gogh „Der Barmherzige Samariter". © Heritage Images/Fine Art Images/agk-images

Seite 52: Zeichnung von Lutz-E. Müller, Leizpig

Seite 62: Hände: Pixabay.com (cco); Piktogramm: Pixabay.com (cco)

Seite 74: Zeichnung von Louisa Buckel

Seite 83: © CREATISTA/shutterstock.com (oben); © gualtiero boffi/shutterstock.com (unten)

Seite 84: © ABO PHOTOGRAPHY/shutterstock. com (oben); pixabay (cco) (unten)

Seite 85: © Ruslan Guzov/shutterstock (oben); © Diego Cervo/shutterstock.com (unten)

Seite 86: © Jean Kobben/stock.adobe.com (oben); © Budimir Jevtic/stock.adobe.com (unten)

Seite 87: © De Visu/shutterstock.com (oben); © Alexander Raths/shutterstock.com (unten)

Seite 88: © Ruslan Guzov/shutterstock.com (oben); © Ana Blazic Pavlovic/shutterstock.com (unten)

Seite 89: Lucas Cranach d.Ä. „Christus segnet die Kinder". © AKG-images

Seite 90: © Rudolf Klem, Stuttgart (oben); © Wavebreake Media Micro/stock.adobe.com (unten)

Seite 91: © image BROKER / Alamy Stock Foto (oben); © Monkey Business Images/shutterstock.com (unten)

Seite 92: © pololia/stock.adobe.com (oben); © Travel Stock/shutterstock.com (unten)

Seite 93: Karikatur: © Thomas Plaßmann

Digitale Unterrichtseinheiten und Tafelbilder von Claudia Rothenberger auf www.calwer.com

Das Buch Rut (pdf)
Unterrichtseinheit in den Klassen 5/6
Diese Unterrichtseinheit umfasst 5 Doppelstunden, in denen die Schülerinnen und Schüler die Geschichte von Rut kennenlernen.
Zahlreiche Themen im Buch Rut, wie z.B. Mut, Freundschaft, Wünsche, Sorgen, Ängste, knüpfen an die Lebenswelt der Schülerinnen und Schüler an.

35 Seiten
1. Auflage 2015
Bestell-Nr. E-75-0060

Lernzirkel „Wunder" (pdf)
Stationenlernen zu verschiedenen Wundergeschichten in der Sekundarstufe I
Diese Unterrichtseinheit umfasst 2-3 Doppelstunden, in denen die Schülerinnen und Schüler Wundergeschichten kennenlernen und in Stationenarbeit vertiefen.

15 Seiten
1. Auflage 2015
Bestell-Nr. E-75-0059

Aufbau und Gliederung der Bergpredigt
Interaktives Tafelbild für Ihr SMART Board in der Sekundarstufe
Das interaktive Tafelbild für das SMART Board zu Aufbau und Gliederung der Bergpredigt eignet sich hervorragend zur Erarbeitung und Ergebnissicherung. In beiliegender Lehrerhandreichung werden drei Einbindungsmöglichkeiten in den Unterricht der Sekundarstufe gegeben.

1. Auflage 2016
Bestell-Nr. E-75-0084
Auch als pdf-Dateien verfügbar: Bestell-Nr. E-75-0089

Zwei-Quellen-Theorie
Interaktives Tafelbild für Ihr SMART Board in der Oberstufe
Die drei interaktiven Tafelbilder für das SMART Board zur Zwei-Quellen-Theorie unterstützen Ihren Unterricht in der Visualisierung des Lehrervortrags und der Erarbeitung des Themas durch die Schülerinnen und Schüler. In beiliegender Lehrerhandreichung werden unterschiedliche Einbindungsmöglichkeiten in den Unterricht der Oberstufe gegeben.
(unter Mitarbeit von Kristian Günzler)

1. Auflage 2016
Bestell-Nr. E-75-0085
Auch als PowerPoint-Version verfügbar: Bestell-Nr. E-75-0090